혼자 공부하는 프랑스어
- 문법과 회화 중심의 프랑스어 완성 -

혼자 공부하는 프랑스어

- 문법과 회화 중심의 프랑스어 완성 -

권 영 서 지음

한국문화사

혼자 공부하는 프랑스어
문법과 회화 중심의 프랑스어 완성

초판 1쇄 발행 2014년 10월 10일
초판 2쇄 발행 2015년 01월 15일

지은이 권 영 서
펴낸이 김 진 수
펴낸곳 **한국문화사**
등 록 1991년 11월 9일 제2-1276호
주 소 서울특별시 성동구 광나루로 130 서울숲IT캐슬 1310호
전 화 (02)464-7708 / 3409-4488
전 송 (02)499-0846
이메일 hkm7708@hanmail.net
홈페이지 www.hankookmunhwasa.co.kr

책값은 뒤표지에 있습니다.

잘못된 책은 바꾸어 드립니다.
이 책의 내용은 저작권법에 따라 보호받고 있습니다.

ISBN 978-89-6817-170-3   93760

이 도서의 국립중앙도서관 출판시도서목록(CIP)은 e-CIP 홈페이지
(http://www.nl.go.kr/cip.php)에서 이용하실 수 있습니다.
(CIP제어번호: 2014027694)

서문

    필자가 60년 전에 처음으로 프랑스어를 배우기 시작할 때에는 프랑스어를 공부할만한 교재가 없어 고생을 많이 했다. 프랑스어를 공부하는 데는 여러 가지 방법이 있겠으나 어학에는 특별한 왕도가 없다.

    프랑스어를 배우고 있는 많은 학생들에게 영어교재에 비하여 제대로 된 프랑스어 참고서 하나가 없어 늘 아쉬운 마음을 가지고 있었다.

    필자는 60년 전에 프랑스 신부님과 함께 공부를 하여 회화를 먼저 공부하고 나중에 LECTURE 공부를 했기 때문에 발음이나 독해력의 균형을 맞추어가며 공부를 했다. 프랑스어를 공부하는 방법에는 프랑스 나라에서 프랑스어를 배우지 않는 한 어떤 한 방법만이 프랑스어를 배우는 유일한 방법이라고 말할 수가 없다.

    그러므로 필자는 삼십 여 년 간 강단에서 학생들을 지도한 경험을 토대로 평소에 가지고 있던 생각을 반영시키기 위하여 이 「혼자 공부하는 프랑스어」에서는 매 과마다 (1)문법과 (2)다양한 연습문제와 (3)작문과 (4)일상생활에 필요한 회화와 (5)다시 본문을 상기시키기 위하여 해설이 없는 LECTURE를 통하여 프랑스어를 공부하는 학생들에게 보다 효과적인 학습서가 되도록 종합 프랑스어 완성을 구성하였다.

    또 「혼자 공부하는 프랑스어」 한 권에 프랑스어의 기초적인 문법을 거의 완벽하게 수록했기 때문에 이 한 권의 책을 완독하면 프랑스어의 수준 높은 실력에 도달하게 될 것이다.

필자의 노력이 얼마나 성과를 거둘지는 모르겠으나 이 변변치 못한 책이 프랑스어를 공부하는 학생들에게 조금이라도 도움이 된다면 필자는 더 이상 기쁨이 없을 것이다.

끝으로 이 「혼자 공부하는 프랑스어」가 출판되도록 도와주신 한국문화사의 김진수 사장님과 편집부 직원들에게 진심으로 감사드립니다.

2014년 9월

권 영 서

| 차례 |

- 서문 / v
- ALPHABET ET PRONONCIATION / xiii

제1과 / UN HOMME ET UNE FEMME ·· 3
   [문법] 부정관사, 명사의 성 I, 중성대명사 CE ····························· 5
   [연습문제] ·· 7
   [회화] Bonjour, Aurevoir ··· 7

제2과 / VOICI UNE MAISON. ·· 9
   [문법] 정관사, 명사의 성 II, 명사의 복수 I, 의문문 I,
         부정문, VOICI, VOILA, 수 I ······································· 10
   [연습문제] ·· 14
   [회화] Je suis professeur et vous êtes les élèves. ····················· 15

제3과 / LA CHAMBRE DE MARIE ··· 17
   [문법] 명사의 복수 II, 인칭대명사 IL, ELLE, 의문대명사 Où,
         복합도치 의문문 II, 전치사, 수 II ································· 18
   [연습문제] ·· 21
   [회화] Vous écoutez le français. ·· 22

제4과 / JE SUIS PETITE. ·· 24
   [문법] ETRE의 현재변화, 형용사 변화 및 위치, 수축관사,
         지시대명사 CE, CECI, CELA, 수 III ······························ 26
   [연습문제] ·· 31
   [회화] Etes-vous prêts à travailler...? ······································ 33

제5과 / J'AI DEUX BRAS. ··· 34
   [문법] AVOIR의 현재변화, 명사의 복수 III, 부정사 DE,
         COMBIEN DE.., NE...QUE.., 수 IV ······················ 35
   [연습문제] ··· 38
   [회화] Parlez-vous français? ··· 39

제6과 / MA FAMILLE ·· 41
   [문법] 합성명사의 복수 IV, 소유형용사, 수축관사 AU, AUX,
         고유명사의 성, 남상 2형이 있는 형용사,
         부정사 NE..NI..NI.. ··· 43
   [연습문제] ··· 47
   [회화] Où est ta maison? ·· 48

제7과 / LES MOIS ET LES SAISONS ······························· 50
   [문법] 의문형용사 QUEL, IL Y A .., 불규칙 변화하는 형용사들,
         서수형용사 ··· 52
   [연습문제] ··· 57
   [회화] Quel jour est-ce aujourd'hui? ······························ 58
   [LECTURE] Djumbo est une grande éléphante. ················ 59

제8과 / LE PRINTEMPS ··· 60
   [문법] 2군동사, 복합도치 의문문, 부정의문에 대한 답의 SI와 NON,
         위치에 따라 의미가 다른 형용사들, 비인칭동사 ············· 61
   [연습문제] ··· 65
   [회화] Quel temps fait-il aujourd'hui? ···························· 66
   [LECTURE] Que fait-il? ·· 67

제9과 / LE DÉPART DES DURAND ································· 68
   [문법] 지시형용사 CE, 부정형용사 TOUT, 국명의 성, 부정관사
         DES의 변화, 관사의 생략, 교통수단의 전치사,

    불규칙 변화 동사들, 동사와 함께 쓰이는 전치사들,
    시간과 함께 쓰이는 지시형용사 ·············· 70
  [연습문제] ·············· 73
  [회화] Je suis bien contente de vous voir. ·············· 75
  [LECTURE] Devant ma fenêtre... ·············· 76

제10과 / L'ARRIVÉE DES DURAND À SÉOUL ·············· 77
  [문법] 불규칙 변화 동사들, 특수한 여성형을 취하는 명사들,
    고유명사의 성 II, 형용사를 부사로 만드는 법, 시간 ·············· 79
  [연습문제] ·············· 83
  [회화] Y a-t-il longtemps que vous êtes à Séoul? ·············· 84
  [LECTURE] Tu as un chien et des oiseaux. ·············· 85

제11과 / L'APPARTEMENT DES DURAND ·············· 86
  [문법] 직접보어 인칭대명사, 1군동사의 변칙 변화하는 동사들,
    용도를 의미하는 전치사 A ·············· 88
  [연습문제] ·············· 92
  [회화] A quelle heure vous levez-vous? ·············· 93
  [LECTURE] Quel est le prix de vos chambres? ·············· 94

제12과 / LES DURAND CHEZ MONSIEUR KIM ·············· 95
  [문법] 간접보어 인칭대명사, 복합과거, 현재분사,
    GÉRONDIF, NOMBRES APPROXIMATIF ·············· 97
  [연습문제] ·············· 104
  [회화] Avez-vous une chambre à deux lits avec la salle de ..? ··· 105
  [LECTURE] Noël ·············· 106

제13과 / UNE INVITATION À DÎNER ·············· 107
  [문법] 강세형 인칭대명사, 변하지 않는 의문대명사, 부분관사,
    être를 조동사로 하는 복합과거, NE...NI...NI.. ·············· 110

[연습문제] ··· 118
　　　[회화] C'est aujourd'hui jeudi. ··· 119
　　　[LECTURE] La vie des Parisiens. ······································ 120

제14과 / AU JARDIN SECRET ·· 121
　　　[문법] 반과거, 형용사의 복수 ··· 123
　　　[연습문제] ··· 127
　　　[회화] Où se trouve un bureau de poste? ···························· 128
　　　[LECTURE] Le meilleur moment ·· 129

제15과 / LES EXAMENS SONT FINIS. ···································· 131
　　　[문법] 지시형용사 복합형, 변화하는 지시대명사, 접속사 QUE,
　　　　　능동태와 수동태, AUSSI와 NON PLUS ··························· 133
　　　[연습문제] ··· 140
　　　[회화] A quelle heure arrivons-nous à Lyon? ···················· 141
　　　[LECTURE] Fontaine et A la fortune du pot ····················· 142

제16과 / UN PROJET DE VOYAGE ··· 144
　　　[문법] 단순미래, 부정법, 변화하는 의문대명사, 근접미래,
　　　　　근접과거 ··· 147
　　　[연습문제] ··· 150
　　　[회화] ·· 151
　　　[LECTURE] Les souliers de Voltaire ································· 152

제17과 / LE CHEMIN DE FER ··· 154
　　　[문법] 대명동사, 대명동사 복합과거, 대명동사의 종류,
　　　　　형용사, 부사, 명사의 비교급 ··· 156
　　　[연습문제] ··· 162
　　　[회화] Pardon, Mlle, le rayon des gants? ·························· 164
　　　[LECTURE] Pauvre Maman Ma! ·· 164

제18과 / DEPART (Le Départ) ········ 166
- [문법] 관계대명사 Qui, Que, 명령법, 부정법 ········ 168
- [연습문제] ········ 174
- [회화] A quelle heure vous levez-vous? ········ 175
- [LRCTURE] Poil de Carotte ········ 176

제19과 / ARTHUR ET SA MAMAN ········ 177
- [문법] 중성대명사 EN, 소유대명사, 최상급 ········ 179
- [연습문제] ········ 185
- [회화] Montrez-moi votre passeport. ········ 186
- [LECTURE] Il aura besooin de la parapluie. ········ 186

제20과 / LA DERNIERE CLASSE ········ 188
- [문법] 단순과거, 중성대명사 Y, 현재분사(절), Gérondif, 부사 Tout ········ 190
- [연습문제] ········ 195
- [회화] Je voudrais prendre un taxi. ········ 197
- [LECTURE] Le boucher et l'avocat ········ 198

제21과 / LUNETTES POUR LIRE ········ 199
- [문법] 조건법, 중성대명사 Le, 보어인칭대명사의 위치, 과거분사 (절) ········ 200
- [연습문제] ········ 208
- [회화] Combien de pièces d'appartement voulez-vous? ········ 210
- [LECTURE] Si j'étais riche... ········ 211

제22과 / VICTOR HUGO ········ 212
- [문법] 대과거, 수동태의 시제, 관계대명사 DONT, Où ········ 214
- [연습문제] ········ 219
- [회화] Où comptez-vous aller cette année? ········ 220

[LECTURE] La pomme de La Fontaine ········· 221

제23과 / LE VILLAGEOIS CHANGE D'AVIS. ········· 223
[문법] 조건법 과거, 변화하는 관계대명사 Lequel, 대명동사의 부정법,
　　　Comme, 인칭대명사 강세형+Même ········· 225
[연습문제] ········· 230
[회화] Je voudrais réserver une chambre d'hôtel. ········· 231
[LECTURE] L'enfant qui pleure. ········· 232

제24과 / LUCIENNE ET PAULAINE ········· 233
[문법] 접속법, 접속법 과거, 접속법 반과거, 접속법 대과거,
　　　허사 NE ········· 235
[연습문제] ········· 242
[회화] Allo, je voudrais faire un appel international. ········· 244
[LECTURE] Le roi et le paysan ········· 245

제25과 / HELENE ET ARTHUR ········· 246
[문법] 전과거, 전미래 ········· 248
[연습문제] ········· 252
[회화] Je cherche la banque française. ········· 252
[LECTURE] Solidarité ········· 253

■ 연습문제 해답편 ········· 255

ALPHABET ET PRONONCIATION

Alphabet

대문자와 소문자 (Lettres majuscules et lettres minuscules)

A	a	[a, ɑ]	J	j	[ʒi]	S	s	[ɛs]
B	b	[be]	K	k	[ka]	T	t	[te]
C	c	[se]	L	l	[ɛl]	U	u	[y]
D	d	[de]	M	m	[ɛm]	V	v	[ve]
E	e	[e,ɛ,ə]	N	n	[ɛn]	W	w	[dublǝve]
F	f	[ɛf]	O	o	[o]	X	x	[iks]
G	g	[ʒe]	P	p	[pe]	Y	y	[igʀɛk]
H	h	[aʃ]	Q	q	[ky]	Z	z	[zɛd]
I	i	[i]	R	r	[ɛ:ʀ]			

발음 (Prononciation)

1. 단모음과 단자음 (voyelles simples et consonnes simples)

    (1) 단모음 : a [a, ɑ]   e [e,ɛ,ə]   i [i]   o [o, ɔ]   u [y]   y [i]
    (2) 단자음 : b   c   d   f   g   h   j   k   l   m
                  n   p   q   r   s   t   v   w   x   z

자음 \ 모음	a	e	i	o	u	y
d	da	de	di	do	du	dy
f	fa	fe	fi	fo	fu	fy
l	la	le	li	lo	lu	ly
m	ma	me	mi	mo	mu	my
n	na	ne	ni	no	nu	ny

p	pa	pe	pi	po	pu	py
r	ra	re	ri	ro	ru	ry
v	va	ve	vi	vo	vu	vy

주의 k, p, t 철자의 발음은 우리말의 "ㅎ"음이 없다.
그러므로 'k'는 [ㄲ], 'p'는 [ㅃ], 't'도 [ㄸ] 음이다.
Exemples : ami, menu, robe, joli, kilo, pipe, pyramide, zone, madame, maladie, lune, qui, tes

2. 자음이 변하는 경우들

b [p] : 「a, i, o + b + s, t」일 때에는 'b'를 [p]음으로 발음한다.

absent   ibsénisme   observer   obtenir
[apsã]   [ipsenism]   [ɔpsɛʀve]   [ɔptni:ʀ]

c
↗ [k] : ca   co   cu ... Camus,   Corée,   Curie
 [ka]   [ko]   [ky]   [kamy]   [kore]   [kyri]
↘ [s] : ce   ci   cy ... ceci,   place,   cycliste
 [sə]   [si]   [si]   [səsi]   [plas]   [siklist]
예외 second [səgɔ̃] 둘째의, 제 2의

ç [s] : ça   ço   çu ... ça,   garçon   reçu
 [sa]   [so]   [sy]   [sa]   [gaʀsɔ̃]   [ʀəsy]
참고 Cédille (¸)는 모음 a, o, u의 앞에 있는 c 밑에 붙여 [s]음을 내라는 표시이다.

g
↗ [g] : ga   go   gu ... gare,   gomme,   aigu
 [ga]   [go]   [gy]   [ga:ʀ]   [gɔm]   [egy]
↘ [ʒ] : ge   gi   gy ... page,   Gide,   gymnaste
 [ʒə]   [ʒi]   [ʒi]   [pa:ʒ]   [ʒi:d]   [ʒimnast]

gu [g] : gue   gui   guy ... longue,   guitare,   guyanais
 [gə]   [gi]   [gɥi]   [lɔ̃g]   [gita:ʀ]   [gɥijanɛ]

h ↗ 유성 h (aspiré) : 앞 단어의 끝 모음 생략 못한다.　le **h**éros
　　　　　　　　　 앞 단어의 끝 자음과 연독을 못한다. trè*s* / **h**aut

　↘ 무성 h (muet) ：앞 단어의 끝 모음을 생략한다.　l'(e)**h**omme
　　　　　　　　　　앞 단어의 끝 자음과 연독을 한다. Un bo**n** **h**ôtel

qu [k] : 'q'는 반드시 「qu+모음」으로 쓴다.

　　　qua　　　que　　　qui　　　quo
　　　quatre　　question　quitter　 quoi
　　　[katʀ]　　[kɛstjɔ̃]　 [kite]　 [kwa]

s
　↗ [s] : sa　　se　　　si　　so　　　su　　sy
　　　　 sale　 secouer　si　 soeur　 sur　 syllabe
　　　　 [sal]　[səkue]　[si]　[sœːʀ]　[syʀ]　[silab]

　↘ [z] : 두 모음 사이에서
　　　　 mai**s**on [mɛzɔ̃]　ro**s**e [ʀɔːz]　va**s**e [vɑːz]

　　　예외 「접두어+s」의 두 단어가 합성된 것은 [s]음이다.
　　　　para**s**ol은 "para+sol"의 합성어로 [paʀsɔl]이다.

t
　↗ [t] : 대개 「-tié,-tier(s),-tière,-tième,-tienne」 등 어미일 때
　　　　 amitié [amitje], portier [pɔʀtje], septième [sɛptjɛm]

　↘ [s] : 대개 「ti + 모음」일 때 [s]음이다.
　　　　 ambitieux [ãbisijø], partiel [paʀsjɛl], nation [nasjɔ̃]

w
　↗ [v] : wagon [vagɔ̃], welter [vɛltɛːʀ]
　↘ [w] : watt [wat], tramway [tʀamwɛ]

x ↗ [ks] : 대개 「x+자음」일 때 - texte [tɛkst], excès [ɛkse]
　↘ [gz] : 대개 「x+모음」일 때 - exercice [ɛgzɛRsis]
　　　　예외 six [sis], dix [dis]

3. Accent 부호 (Voyelles accentuées)

　accent aigu　　　　′　: é [e]

　accent grave　　　　`　: à [a], è [ɛ], ù [y]

　accent circonflexe　 ^　: â [a], ê [ɛ], î [i], ô [o], û [y]

　주의 1. 'e'가 음절 끝에 있을 때는 발음하지 않는다.
　　　　　　fenêtre [fənɛtR]
　　　　2. 마지막 'e'는 단음절어가 아니면 발음하지 않는다.
　　　　　　ce [sə], maladie [maladi], plume [plym]
　　　　3. [e] : 'é'와 발음하지 않는 끝 자음 앞의 'e' 또 겹자음 앞의 'e'
　　　　　　été [ete], nez [ne], descendre [desãdR]
　　　　4. [ɛ] : è, ê, ë 와 발음하는 끝 자음 앞에 있는 'e'
　　　　　　père [pɛ:R], même [mɛm], Noël [nɔɛl], fer [fɛ:R]
　　　　5. mm, nn 앞에 있는 'e'는 [a]로 발음한다.
　　　　　　femme [fam], récemment [Resamã], solennel [sɔlanɛl]

4. 겹모음 (Voyelles composées)

　ai [ɛ, e] : aile [ɛl], mai [mɛ], gai [ge]
　　　　　예외 faire 동사 변화 중의 철자 'ai'는 [ə] 음이다.
　　　　　　　faisons [fəzɔ̃], faisiez [fəzje]
　ei [ɛ] 　: neige [nɛ:z], peine [pɛ:n], seize [sɛ:z]
　au, eau [ɔ, o] : Paul [pɔl], sauce [so:s], beau [bo]
　　　　　　↗ [œ] : eu, oeu가 발음하는 자음 앞에 있을 때
　eu, oeu　　　　peur [pœ:R], coeur [kœ:R]
　　　　　　↘ [ø] : eu, oeu 뒤에 발음하는 자음이 없을 때
　　　　　　　　bleu [blø], voeu [vø], oeufs [ø]

> **예외** 1. [z]음 앞에 있는 'eu'는 [ø]음이다.
> heureu<u>s</u>e [œRø:z], deu<u>x</u>ième [døzjɛm]
> 2. avoir 동사의 변화 중 'eu'는 [y]음이다. J'ai **eu**. [y]
> 3. 단수일 때와 복수일 때 발음이 다른 명사들
> un oeuf [œf], des oeufs [ø]
> un boeuf [bœf], des boeufs [bø]

ou   [u]   : cou [ku], pour [puR], soupe [sup]
oi   [wa]   : moi [mwa], oiseau [wazo], voilà [vwala]
ay = ai+i   : balayage [balɛjaʒ], essayeur [esɛjœ:R]
oy = oi+i   : loyal [lwajal], voyage [vwajaʒ]
uy = ui+i   : bruyance [bRɥijɑ̃:s], tuyau [tɥijo]

5. 비모음 (Voyelles nasales)

am, an, em, en [ɑ̃] : lampe [lɑ̃:p], ensemble [ɑ̃sɑ̃:bl]
> **예외** 1. Eden [edɛn], examen [ɛgzamɛ̃]
> 2. amm, ann, emm, enn은 비모음이 아니다.
> paysanne [peizan], grammaire [gRammɛ:R], femme [fam]
> cf. ennui [ɑ̃nɥi], emmener [ɑ̃mne]
> 3. 어미가 -éen, -ien, -yen 이거나 venir, tenir 동사의 변화 중의 'en'은 [ɛ̃]음이다.
> Coréen [kɔReɛ̃], Parisien [paRizjɛ̃], citoyen [sitwajɛ̃]
> Je viens. [ʒə vjɛ̃]
> 4. 동사 3인칭 복수형 어미 -ent는 발음하지 않는다.
> Ils parl**ent**. [il paRl]
> 5. -mn은 [n]음이다. condamner [kɔ̃dane], automne [ɔtɔn]

aim, ain, eim, ein, im. in, ym, yn [ɛ̃] :
vin [vɛ̃], simple [sɛ̃pl], faim [fɛ̃], main [mɛ̃], peinture [pɛ̃tyR], symbole [sɛ̃bɔl]
> **예외** (1) -mn은 [mn]음이다.... hymn [imn]
> (2) -imm은 [imm]음이다.... immortel [immɔRtɛl]

(3) -inn은 [inn, in]음이다…. innombrable [innɔ̃bʀabl]
innocent [inɔsɑ̃]

om, on   [ɔ̃]   : ombre [ɔ̃bʀ], bon [bɔ̃], mon [mɔ̃]
　　　　　　　　예외 automne [ɔton], omnibus [ɔmnibys]
um, un   [œ̃]   : parfum [paʀfœ̃], lundi [lœ̃di]
oin   [wɛ̃] : coin [kwɛ̃], foin [fwɛ̃], loin [lwɛ̃]
éen, ien, yen [eɛ̃, jɛ̃] : Coréen [kɔReɛ̃], mien [mjɛ̃], citoyen [sitwajɛ̃]

6. 겹자음 (Consonnes composées)

ch ↗ [ʃ] : chemin [ʃmɛ̃], chiffre [ʃifʀ], Chopin [ʃɔpɛ̃]
　　↘ [k] : écho [eko], chrétien [kʀetjɛ̃], choral [kɔʀal]

gn   [ɲ] : cognac [kɔɲak], peigne [pɛɲ], Espagne [ɛspaɲ]
ph   [f] : philosophie [filozɔfi]

ill ↗ [ij] : fille [fij], famille [famij], papillon [papijɔ̃]
　　↘ [il] : mille [mil], ville [vil], tranquille [tʀɑ̃kil]

ail, aill   [aj] : bétail [betaj], travail [tʀavaj], paille [pɑj]
eil, eill   [ɛj] : soleil [sɔlɛj], bouteille [butɛj]
euil, euill [œj] : oeil [œj], oeillère [œjɛːʀ]
ouil, ouill [uj] : fenouil [fənuj], grenouille [gʀənuj]

7. 중자음 (Doubles consonnes)

중자음은 하나의 자음처럼 발음하는 것이 원칙이다.
affamé [afame], appel [apel], arriver [aʀive], attaque [atak], occasion [ɔkazjɔ̃], personne [pɛʀsɔn]

예외 두 자음을 모두 발음하는 단어들.
accent [aksã], accident [aksidã], immobile [immɔbil], immortel [immɔʀtɛl], muscle [myskl], suggérer [sygʒeʀe]

8. 끝 자음 (Consonnes finales)
끝 자음은 원칙적으로 발음하지 않는다.
doigt [dwa], heureux [œʀɸ], nez [ne], plat [pla], sang [sã]
예외 sud [syd], fils [fis], un os [ɔs], ours [uʀs], est [ɛst], omnibus [ɔmnibys], ouest [uɛst], net [nɛt], dix [dis], six [sis], index [ɛ̃dɛks]
주의 c, f, l, q, r의 끝 자음은 흔히 발음한다.
avec [avɛk], bec [bɛk], bloc [blɔk]. sac [sak], canif [kanif], naïf [naif], neuf [nœf], mal [mal], animal [anial], cinq [sɛ̃k], coq [kɔk], mer [mɛʀ], mur [myʀ], par [paʀ], sur [syʀ]
예외 c, f, l, q, r 끝 자음 중에서도 발음하지 않는 단어들.
banc [bã], estomac [ɛstɔma]. porc [pɔ;ʀ], tabac [taba], clef [kle], cerf [sɛ:ʀ], nerf [nɛ:ʀ], fusil [fuzi], gentil [ʒãti], outil [uti], nombril [nɔ̃bʀi], cahier [kaje], panier [panje]
일군동사의 어미 'r'는 발음하지 않는다. aime<u>r</u>

9. 연독 (Liaison)
앞 단어의 끝 자음과 뒷 단어의 첫 모음이나 무성 'h'와 연결하여 발음 한다.
A. 연독을 하는 경우
(1) 「관사, 형용사, 지시형용사, 소유형용사 + 명사」
les‿hommes, les‿aimables personnes, un petit‿enfant
(2) 「전치사 + (관사) + 명사, 대명사」
chez‿elle, en‿Asie, sous‿un‿arbre
(3) 「부사 + 형용사」
très‿utile, tout‿entier, pas‿encore
(4) 「주어대명사 + (보어대명사) + 동사」
Nous‿allons. Nous‿y allons. Il vous‿a dit.

(5) 명령법 : 「동사 + (대명사) + en, y」
　　Allons‿-y. Allez-vous‿-en.
(6) 성구에서
　　mot‿à mot, deux‿ou troix, tout‿à coup, de temps‿en temps

B. 연독을 하지 않는 경우
(1) 「명사주어 + 동사」
　　Paul / est‿à Paris. Mes amis /ont dit.
(2) 「단수명사 + 형용사」
　　Le moment / admirable, Un chat / aimable
(3) 접속사 et 뒤에서 연독을 하지 않는다.
　　vingt et / un, un garçon et / une fille
(4) 유성 'h' 앞에서 연독을 하지 않는다.
　　très / haut, les / héros
(5) huit 와 onze 앞에서 연독을 하지 않는다.
　　Les / huit jours, les / onze garçons

C. 연독할 때 음이 변하는 철자들
(1) d　→ [t] : gran**d**‿homme, quan**d**‿il
(2) f　→ [v] : neu**f**‿heures, neu**f**‿ans
　　주의 neuf의 'f'는 heure 와 ans 앞에서만 [v]음이 된다.
(3) g　→ [k] : lon**g**‿hiver
(4) s, x → [z] : Nou**s**‿avons. si**x**‿enfant

10. 악센트 (Accent) : 악센트는 발음되는 마지막 모음에 있다.
　　　　mad**a**me, quest**i**on, autorit**é**, habit**u**de

11. 모음생략 (Élision)
　단어의 첫 자가 모음이거나 무성 'h' 앞에서 앞 단어의 끝 모음 a, e, i 등이 생략된다.

(1) ce, de, je, le, la, me, te, jusque, que 등의 끝 모음은 생략된다.
C'est. d'une fille, J'ai. l'homme, l'oreille
Je t'en parle. Il n'est pas ici. Ce qu'il veut.

(2) lorsque, puisque, quoique 등은 il(s), elle(s), un, une on, en, ainsi 앞에서 모음 'e'가 생략된다.
lorsqu'il dit, puisqu'on veut, quoiqu'elle est morte.

(3) quelque는 un, une 앞에서만, si는 il, ils 앞에서만 'e' 와 'i'가 생략된다. presque는 île(섬) 앞에서만 'e'가 생략된다.
quelqu'une, presqu'île, Dis-moi s'il part.
cf. Adressez à quelque autre. Un habit presque usé.

예외 oui, huit, huitième, huitain(e), onze, onzième 등 앞에서 모음이 생략되지 않는다.
Le onze novembre. La bonne soeur fit signe que oui.

12. 철자부호 (Les signes orthographiques)

(1) cédille 's' : a, o, u 앞의 c 밑에 붙여 [s]음을 내라는 표시.
Ça [sa], leçon [ləsɔ̃], reçu [Rəsy]

(2) tréma '¨' : ë, ï, ü 모음 위에 붙여 두 모음을 제 각기 발음하라는 표시이다.
haïr [aiR], Noël [nɔɛl], Saül [sayl]

(3) 생략부호 (apostrophe) ' ' ' : 모음 또는 무음 'h'로 시작하는 단어 앞에서 모음 a, e, i 등이 생략되었음을 의미한다.
l'amie, d'abord, il n'est pas. qu'il, s'il pleut.

(4) 연결선 (trait d'union) '-' : 둘 이상의 단어를 연결하는 기호.
   a. 복합어에서 : arc-en-ciel
   b. 기수 형용사와 서수 형용사에서 : dix-neuf, vingt-cinquième
   c. 도치된 동사와 주어 사이에, 명령형 동사와 보어 사이에 쓴다.
   A-t-il? Donnez-le-moi.

13. 구두부호 (Les signes de ponctuation)

(1) le point ' . ' 문장이 끝남의 부호.
(2) la virgule ' , ' 가로쓰기 글에서 쉼표로 쓰는 콤마.
(3) le point-virgule ' ; ' point와 virgule의 중간적 기호.
(4) les deux points ' : ' 콜론
(5) le point d'interrogation ' ? ' 의문부호
(6) le point-d'exclamation ' ! ' 감탄부호
(7) les points de suspension '...' 중단표
(8) le tiret '--' 대화에서 말하는 사람의 바뀜을 표시함.
(9) les parenthèses ' ( ) ' 괄호
(10) les guillemets ' " " ' 인용부호

혼자 공부하는
프랑스어

문법과 회화 중심의 프랑스어 완성

LEÇON UN

Un homme et une femme

Un homme et une femme.
    Un garçon et une fille.
Un frère et une soeur.
    Un oncle et une tante.
Un livre et une table.
    Un crayon et une gomme.
Un cahier et une plume.
    Un jardin et une maison

Qu'est-ce que c'est?
    C'est un livre.
Qu'est-ce que c'est?
    C'est une table.
Qu'est-que ce sont?
    Ce sont des crayons.
Qu'est-que ce sont?
    Ce sont des gommes.

un [œ̃](남성), une [yn](여성) 하나의, 첫째의, 하나; un garçon [gaʀsɔ̃] 소년, 아들; une fille [fij] 소녀, 딸; et [e] (conj.) 그리고, 또, ~와; un homme [ɔm] 사람, 남자; une femme [fam] 여자, 아내; un frère [fʀɛːʀ] 형제; une soeur [sœːʀ] 누나, 언니; un oncle [ɔ̃ːkl] 백부, 숙부, 삼촌; une tante [tɑ̃t] 백모, 숙모, 아주머니; une table [tabl] 책상; un crayon [kʀɛjɔ̃] 연필; une gomme [gɔm] 지우개; un cahier [kaje] 공책, 노트; une plume [plym] 펜; un jardin [ʒaʀdɛ̃] 뜰, 정원; une maison [mɛzɔ̃] 집; Qu'est-ce que c'est? [kɛskse] 그것은 무엇입니까?; c'est는 ce est의 ce의 모음 'e'가 'est' 앞에서 생략된 형태로 '그것은 ~이다'; ce sont은 c'est 복수형태로서 ce는 단수, 복수에 다 쓰인다. 명사의 복수는 명사의 어미에 's'를 붙이고 발음 하지 않는다. 「명사+수」 일 때는 수가 '서수의 의미'이다. 그래서 leçon un은 '제 일과'의 의미이다.

1. 발음 (Prononciation)

A. 연독 (Liaison)

(1) 비모음 un [œ̃]이 뒤의 단어와 연독을 하면 비모음이 안 된다.

un‿homme [œnɔm], un‿arbre [œnaʀbʀ]

(2) 's' 철자는 뒤의 모음과 연독하면 [z]음이 된다.

des‿hommes [dezɔm], des‿arbres [dezaʀbʀ]

(3) 접속사 et(와, 그리고)의 뒤에서는 연독을 하지 않는다.

un garçon et / une fille. [œ̃gaʀsɔ̃ e ynfij]

B. 앞 단어의 끝모음 'e'는 뒷 단어의 첫 모음이 있을 때는 생략된다.

Ce est... → C(e)'est... Que est.. → Qu(e)'est...

2. 문법 (Grammaire)

A. 부정관사 (Article indéfini)

수 \ 성	남 성	여 성
단 수	un	une
복 수	des	

un garçon [gaʀsɔ̃] → des garçons [gaʀsɔ̃]
une fille   [fij]   → des filles   [fij]

> un과 une는 수명사의 의미를 나타내는 '하나'라는 뜻과 수형용사의 의미로 '하나의'라는 뜻과 수형용사가 명사 뒤에 놓이면 서수의 의미를 나타내어 '제 1'을 의미하며 부정대명사의 의미로 '어떤 사람(것)'이라는 의미가 있다. 명사의 복수는 명사의 어미에 's'를 붙이고 발음하지 않는다. 그러므로 단수명사와 복수명사의 발음이 같다. Hearing을 할 때는 관사나 동사의 복수로 복수명사를 확인한다.
> un crayon 하나의 연필 (un은 부정관사와 수형용사의 의미이다.)
> Livre un 제 1권 (un은 서수의 의미이다.)

B. 명사의 성 (Genre des noms) I

명사는 문법상 남성과 여성으로 구별된다. 프랑스어에는 중성은 없다.

(1) 사람과 동물은 자연성을 따른다.

남 성		여 성	
un père	아버지	une mère	어머니
un neveu	남자조카	une nièce	여자조카
un boeuf	황소	une vache	암소

un cheval	수말	une jument	암말
un chat	수고양이	une chatte	암고양이
un coq	수탉	une poule	암탉
un lion	수사자	une lionne	암사자
un mouton	수양	une brebis	암양

(2) 다른 명사들은 문법적 성을 따른다.

남 성		여 성	
un livre	책	une table	책상
un voyage	여행	une fenêtre	창문
un bureau	사무실	une peinture	그림

C. 중성대명사 ce : 성, 수, 원근을 가리지 않는 대명사로 '그것(들)은, 저것(들)은' 의미이다.

　　Qu'est-ce que c'est?　그것(들)은 무엇입니까?
　　C'est un livre.　　　그것은 하나의 책입니다.
　　Ce sont des livres.　그것들은 책들입니다.
　　　주의　의문대명사 Qu'est-ce que 뒤에서는 주어와 동사가 도치되지 않는다.

D. être의 현재변화 3인칭 단수와 복수

　단수 : C'est + 단수명사…

　복수 : Ce sont + 복수명사…

연습문제 (Exercices)

A. 다음 ___에 알맞은 부정관사를 쓰시오.

(1)___ homme (2)___ femme (3)___ garçon (4)___ fille
(5)___ frère (6)___ soeur (7)___ table (8)___ livre
(9) ___ chaise (10)___ plume (11)___ maisons (12)___ crayons

B. Qu'est-ce que c'est? 질문에 왼편에 있는 우리말을 프랑스어로 답하시오
(1) 그것은 한 자루의 연필이다. _____.
(2) 그것은 하나의 의자이다.   _____.
(3) 그것은 하나의 집이다.   _____.
(4) 그것은 노트들이다.   _____.

회화 (Conversation)

Bonjour, Monsieur (Messieurs, Madame, Mesdames, Mademoiselle, Mesdemoiselles)	안녕(하십니까)?
Bonsoir, Monsieur (Messieurs, Madame, Mesdames).	(저녁인사) 안녕(하십니까)?, 안녕히 계십시오(가십시오), 안녕히 주무십시오.
Au revoir, Monsieur (Messieurs, Madame, Mesdames).	(헤어질 때) 다시 만납시다. 안녕.

monsieur [məsjø] monsieur의 'mon'은 [mɔ̃]으로 발음하지 아니하고 [mə]로 발음한다. pl. messieurs [mesjø] 씨(들), 귀하(들), 군(들); madame [madam] pl. mesdames [medam] 부인(들), 아주머니(들); mademoiselle [madmwazɛl] pl. mesdmoiselles [medmwazɛl] 아가씨(들), ~양(들); mon ami [monami] 나의 친구 (발음에 주의) mon은 [mɔ̃] 비모음이지만 뒤의 단어 ami와 연독하므로 비모음이 안 된다.
bonjour [bɔ̃ʒuːʀ] 낮 인사, 안녕하십니까? 안녕.
bonsoir [bɔ̃swaːʀ] 저녁인사, 안녕히 계십시오, 안녕히 가십시오.
au revoir [oʀəvwaːʀ] 다시 만납시다, 안녕.

LEÇON DEUX

Voici une maison.

Voici un͜ homme.

C'est Monsieur Durand. C'est le père de Marie.

Voilà une femme.

C'est Madame Durand. C'est la mère de Marie.

Monsieur et Madame Durand sont les parents de Marie.

Voici une fille.

C'est Marie. C'est l'amie de Jean.

Qu'est-ce que c'est?

Est-ce une maison? Oui, c'est͜ une maison.

C'est la maison de Paul et de Marie.

Est-ce un chien?

Non, ce n'est pas͜ un chien. C'est͜ un chat.

C'est le chat de Marie.

Marie est la soeur de Paul.

Marie et Paul sont les͜ enfants de Monsieur et Madame Durand.

voici [vwasi] 여기에 ~이 있다, ~가까이에 있다, 이것은 ~이다. 다음과 같다. un homme [œnɔm] 'un'이 연독을 하면 비모음이 안 된다. le 정관사 남성단수인 le와 여성단수인 la는 모음이나 무성 'h' 앞에서 모음 'e'와 'a'가 생략되어 l'로 된다. un père [pɛːʀ] 아버지; de [də] (prép.) ~부터, ~에서, ~의; une femme [fam] 「e+nn 또는 mm」일 때는 대개 'e'를 [a]음으로 발음한다. une mère [mɛːʀ] 어머니; les [e] 정관사 복수; parents [paʀɑ̃] 양친, 부모, 선조, 조상; C'est~의 의문형에서 동사 est가 앞에 나오면 주어인 Ce와의 사이에 연결선 '-'을 쓴다 Est-ce...?; une maison [mɛzɔ̃] 집; de Paul et de Marie에서 전치사 'de'는 명사에 반복하여 쓴다. non [nɔ̃] 아니요; 부정은 「ne+동사+pas」로 쓰며 ne가 모음이나 무성 'h'로 시작하는 동사 앞에서 모음 'e'가 생략되어 n'로 쓰인다. un chien [ʃjɛ̃] 개; un chat [ʃa] 고양이; enfant [ɑ̃fɑ̃](남성, 여성 양성으로 쓰임) 어린이, 아동, 자식.

1. 발음 (Prononciation)

É [e] : école, été, bébé, fée

È [ɛ] : père, mère, frère, règle

2. 문법 (Grammaire)

A. 정관사 (Article défini)

수 \ 성	남성	여성
단수	le	la
복수	les	

정관사는 지시적인 의미인 '그'라는 의미와, 소유의 의미와 한정적인 의미로 쓰여 남성단수명사에는 'le'를, 여성단수명사에는 'la'를 쓰며, 남

성, 여성 복수에는 'les'를 쓴다. le와 la는 모음이나 무성 'h' 앞에서 모음이 생략되어 l'로 된다.

남성명사		여성명사	
le père	아버지	la mère	어머니
le frère	형, 오빠	la soeur	누나, 언니
l(e)'oncle	삼촌, 아저씨	l(a)'école	학교
l(e)'homme	남자	l(a)'heure	시간
les parents	부모	les maisons	집들

B. 명사의 성 II

(1) 명사의 어미가 'e'인 것은 양성으로 쓰인다.

남성명사		여성명사	
un artiste	남자 예술가	une artiste	여자 예술가
un élève	남학생	une élève	여학생
un malade	남자 환자	une malade	여자 환자
un touriste	남자 여행가	une touriste	여자 여행가

예외 enfant(아이)은 'e'가 없어도 양성으로 쓰인다.

(2) 남성명사를 여성명사로 만드는 법칙

「**남성명사 +e**」로 여성명사를 만든다. 그러나 남성명사의 어미가 「**-an,-at,-en,-et,-on,-ot+중자음+e**」로 여성명사를 만든다.

남성명사		여성명사	
un ami	남자 친구	une ami**e**	여자 친구
un cousin	사촌(오빠)	une cousin**e**	사촌 누이
un étudiant	남학생	une étudiant**e**	여학생
un Français	프랑스 남자	une Français**e**	프랑스 여자
un paysan	남자 농부	une paysan**ne**	여자 농부

un chat	수고양이	une cha**tte**	암고양이
un chien	수캐	une chien**ne**	암캐
un muet	남자 벙어리	une mue**tte**	여자 벙어리
un baron	남작	une baron**ne**	남작부인
un sot	바보	une sot**te**	여자바보

(3) 명사의 어미가 -e인 것은 –esse로 변한다.

남성명사		여성명사	
un conte	백작	une cont**esse**	백작 부인
un maître	주인	une maîtr**esse**	여주인
un prince	왕자	une princ**esse**	공주
un tigre	수호랑이	une tigr**esse**	암호랑이

(4) 명사의 어미가 -er인 것은 -ère로 변한다.

남성명사		여성명사	
un berger	목동	une bergère	여자 목동
un étranger	외국인	une étrangère	외국 여자

C. 명사의 복수 I

원칙적으로 명사의 어미에 's'를 붙이고 발음하지 않는다.

(1) 명사 + s

un crayon 연필 → des crayon*s*   une plume 펜 → des plume*s*

(2) 명사의 어미가 -s, -x, -z 인 경우에는 불변한다.

un fils 아들 → des fil*s*   un nez 코 → des ne*z*
une voix 목소리 → des voi*x*

(3) 명사의 어미가 -au, -eau, -eu, -oeu 인 것은 'x'를 붙인다.

    un tuyau 관 → des tuyaux   un bateau 배 → des bateaux
    un neveu 조카 → des neveux   un voeu 소원 → des voeux

D. 의문문 I 과 부정문

(1) 의문문 I

a. 단순도치형 : 주어가 동사 뒤에 놓이고 동사와 주어 사이에 연결선 '-'을 쓰는 의문문 형태를 말한다.

    긍정문 : C'est un stylo.
        → 의문문 : Est-ce un stylo?
    긍정문 : Ce sont des maisons.
        → 의문문 : Sont-ce des maisons?

주의 ① Ce sont...의문형은 일반적으로 Est-ce que ce sont...?으로 쓴다.
② 도치형 의문문에서는 주어의 끝 모음과 뒷 단어의 첫 모음이 겹쳐도 앞 모음을 생략하지 않는다.

b. 정치의문 : Est-ce que + 긍정문?으로 쓴다.

    긍정문 : C'est un chien.
        → 의문문 : Est-ce que c'est un chien?
    긍정문 : Ce sont des fleurs?
        → 의문문 : Est-ce que ce sont des fleurs?

(2) 부정문

프랑스어의 부정문은 「ne+동사+pas」 공식으로 쓰며, 동사의 첫 자가 모음일 때는 ne의 'e'를 생략한다.

    긍정문 : C'est un cahier.

→ 부정문 : Ce n'est pas un cahier.

긍정문 : Ce sont des plumes.

→ 부정문 : Ce ne sont pas des plumes.

E. **Voici**와 **voilà**는 동사와 지시사의 역할을 겸하여 특정 품사로 분류하기 어려우므로 부사로 분류하는 수도 있다. 인칭대명사나 관계대명사의 뒤에 위치하며 그 밖의 대명사와 명사와 절 등의 앞에 놓인다.

Voici un chien (des chiens).	여기에 개(들이)가 있다.
Voici le frère et la soeur.	여기에 형과 누이가 있다.
Voilà un chat (des chats).	저기에 고양이(고양이들이)가 있다.
Voilà une maison et un jardin.	저기에 집과 정원이 있다.

F. 수 (Nombres) I

1. un [œ̃], une [yn]
2. deux [dø]
3. trois [tʀwa]
4. quatre [katʀ]
5. cinq [sɛ̃k]
6. six [sis]
7. sept [sɛt]
8. huit [ɥit]
9. neuf [nœf]
10. dix [dis]

연습문제 (Exercices)

A. 다음 ___에 부정관사와 정관사를 쓰시오.

(1) _____ homme   (2) _____ femme   (3) _____ maison
(4) _____ père   (5) _____ oncle   (6) _____ tante

(7) _____ chien   (8) _____ chatte   (9) _____ enfant

B. 다음 우리말의 단어들을 프랑스어로 쓰시오.
   (1) 다섯 권의 책들 _____   (2) 일곱 개의 연필들 _____
   (3) 아홉 개의 책상들 _____   (4) 열 개의 의자들 _____

C. 다음을 프랑스어로 쓰시오.
   (1) Georges의 어머니   _____
   (2) Durand 씨의 집   _____
   (3) Marie 와 Paul의 집   _____
   (4) 여기에 노트들이 있다.   _____
   (5) 저기에 펜들이 있다.   _____

D. 다음 문장을 도치의문문과 정치의문문으로 쓰시오.
   (1) C'est la chienne de M. Durand.
   _____

   (2) Ce sont les plumes de Marie et de Paul.
   _____

회화 (Conversation)

M. Durand : Bonjour, Monsieur Dupont, comment allez-vous?
M. Dupont : Bonjour, Monsieur Durand, cela va bien, merci, et vous?
M. Durand : Très bien, merci. Est-ce que tout le monde va bien chez vous?
M. Dupont : Alice ne va pas bien, elle a mal aux dents et à la tête. Roger est tombé hier, il a mal à la jambe et au pied.
Je suis professeur de français.

Vous êtes les élèves.
Vous apprenez à lire, à écrire et à écouter le français.
Je vais parler en français.
Écoutez bien, s'il vous plaît.

comment allez-vous? 안녕하십니까?; Cela va bien, merci. 좋습니다, 감사합니다: et vous? 당신은 어떻습니까?; très bien. 매우 좋습니다; tout le monde va bien chez vous? 당신 집 식구들은 잘 있습니까?; Alice ne va pas. alice가 좋지 않습니다; Elle a mal aux dents et à la tête. Alice는 이와 머리가 아픕니다. Roger est tombé hier, il a mal à la jambe et au pied. Roger는 어제 넘어져 다리와 발이 아픕니다. je 인칭대명사 1인칭 단수 주격으로 '나는, 내가'; suis être (영어의 be동사)의 현재변화 1인칭 단수 '이다'; le professeur 교원, 교수; le français 프랑스어; Je suis professeur de français. 나는 프랑스어 선생이다; vous 인칭대명사2인칭 복수 주격으로 '당신은, 당신들은, 너희들은'; êtes être 동사의 2인칭 복수 '이다'; les élèves (남성, 여성 공통으로 쓰임) (남, 여)학생들; Vous êtes les élèves. 여러분들은 학생들이다; apprenez apprendre '배우다' 동사의 현재변화 2인칭 복수; à lire 읽기를; à écrire 쓰기를; à écouter 듣기를; Vous apprenez à lire, à écrire et à écouter le français. 여러분들은 프랑스어의 읽기, 쓰기, 듣기를 배우고 있다. parler 말하다; vais aller '가다' 동사의 1인칭 단수 현재변화; en français 프랑스어로; 「aller+동사」는 가까운 미래를 의미하여 '지금~하려고 한다'는 의미; Je vais parler en français. 나는 지금 프랑스어로 말하려고 한다; écoutez écouter '듣다'의 현재변화 2인칭 복수이다; bien 잘; s'il vous plaît. '부디'; Écoutez bien, s'il vous plaît. 부디 내가 말하는 것을 잘 들으세요.

LEÇON TROIS

La chambre de Marie

Voici la chambre de Marie.
Qu'est-ce que c'est?
Est-ce une fenêtre? Oui, c'est une fenêtre.
Est-ce que ce sont des portes?
Non, ce ne sont pas des portes, ce sont des murs.

Où est le lit? Il est devant les fenêtres.
Où est l'armoire? Elle est derrière le lit.
Où est la table? Elle est contre le mur.
Sur la table, voici des livres, des cahiers, des crayons, une règle et un canif.
Est-ce que Marie est dans la chambre?
Non, elle n'est pas dans la chambre.

Où est-elle? Elle est dans le jardin.
Elle est avec des animaux dans le jardin.
Paul est-il à la maison?
Non, il n'est pas à la maison, il est à l'école.

une chambre [ʃɑ̃bʀ] 방; une fenêtre [fənɛ:tʀ] 창문; où [u] 어디로, 어디서, 어디에; un mur [my:ʀ] 벽; un lit [li] 침대; il 인칭대명사 3인칭 단수로 사람과 사물에 쓰여 '그는, 그것은' 의미한다; ils 인칭대명사 3인칭 복수로 사람과 사물에 쓰여 '그들은, 그것들은' 의미한다; devant [dəvɑ̃] 앞에(서); l(a)'armoire 장롱, 옷장; elle 인칭대명사 3인칭 여성 단수로 사람과 사물을 의미하여 '그녀는, 그것은' 의미한다; derrière [dɛʀjɛ:ʀ] ~의 뒤에, ~의 그늘에; contre [kɔ̃tʀ] ~에 반대하여, ~에 대하여, ~에 기대어; sur [syʀ] ~위에; une règle [ʀɛgl] 자; un canif [kanif] 칼; dans [dɑ̃] ~안에; un jardin [ʒaʀdɛ̃] 정원; à [a] '~으로, ~에, 에게' ; une école [ekɔl] 학교

1. 발음 (Prononciation)

A. 끝 자음은 원칙적으로 발음하지 않는다.

　　cahier [kaje], pas [pa], est [ɛ], devant [dəvɑ̃], lit [li], fenêtres [fənɛtʀ]

B. 단 단어의 어미가 C, F, L, Q, R인 것들은 흔히 발음한다.

　　sac [sak], canif [kanif], animal [animal], cinq [sɛ̃k], sur [syʀ]

2. 문법 (Grammaire)

A. 명사의 복수 II

　(1) 명사의 어미가 -al인 것은 –aux로 변한다.

　　　un cheval 말→ des chev**aux**　　un journal 신문→ des journ**aux**

　　　예외 bal 무도회, carnaval 사육제, chacal 이리의 일종, choral 성가, festival 음악축제, récital 독주회, régal 만찬 등은 's'를 붙인다.

(2) 명사의 어미가 -ail인 다음의 10개의 명사는 –aux로 변한다.

bail 전세, corail 산호, émail 에나멜, fermail 고리쇠, aspirail 통풍구, soupirail 환기창, travail 노동, vantail 문짝, ventail 바람구멍, vitrail 유리창

EX. le travail → les trav**aux**

(3) 명사의 어미가 -ou인 것 다음의 7개의 명사에는 'x'를 붙인다.

un bijou 보석, un caillou 조약돌, un chou 배추, un genou 무릎, un hibou 올빼미, un joujou 장난감, un pou 이

EX. un bijou → des bijou**x**

B. 인칭대명사 3인칭인 '**il** 그는, **elle** 그녀는, **ils** 그들은, **elles** 그녀들은' 등은 사람 외에 사물에도 쓰여 il은 남성 단수명사에, elle은 여성 단수명사에 쓰여 '그것은' 의미이고, ils은 남성 복수명사에, elles은 여성 복수명사에 쓰여 '그것들은' 의미를 나타낸다.

Où est le cahier?   ⇒ **Il** est ....
Où est la maison?   ⇒ **Elle** est ....
Où sont les stylos?   ⇒ **Ils** sont ....
Où sont les portes?   ⇒ **Elles** sont ....

C. 의문대명사 Où

où는 장소와 방향을 묻는 의문대명사로 '어디로, 어디서, 어디에'의 의미를 나타낸다. où 대명사로 묻는 의문문은 주어와 동사가 도치되며 장소를 의미하는 전치사로 답을 해야 한다.

Où est-il?   Il est **dans la chambre**.
Où sont-elles?   Elles sont **sur la table**.

D. 복합도치 의문문 II

주어가 ce, on 대명사 이외의 명사나, 고유명사일 때는 주어를 우선 앞에 놓고 그 주어에 해당하는 인칭대명사를 동사 뒤에 쓰고 동사와 인칭대명사 사이에 연결선을 쓴다.

    Marie est-elle dans le jardin?
    Les fils jouent-ils au parc?

E. 전치사 : 전치사는 명사, 대명사, 동사의 부정법 또는 현재분사, 부사 등의 앞에 놓여 다른 낱말과의 관계를 나타내는 불변화어이다.

(1) 장소를 나타내는 전치사

à l'école	학교에	dans la maison	집 안에
sur la table	책상 위에	sous le lit	침대 밑에

(2) 시간을 나타내는 전치사

à six heures	여섯 시에	après la leçon	수업 후에
avant le départ	출발 전에	dans deux heures	두 시간 후에

(3) 장소, 소유, 이유, 재료 등을 의미하는 de

le départ de Paris	파리에서 출발	(장소)
la maison de M. Durant	듀랑씨의 집	(소유)
mourir de froid	추위로 죽다	(원인)
le chemin de fer	철로	(재료)

(4) 방향을 나타내는 전치사

être contre le mur	벽에 기대어 있다.
donner sur la rue	길에 면하다.

F. 수 (Nombres) II

11. onze	[ɔ̃:z]	16. seize	[sɛ:z]
12. douze	[duz]	17. dix-sept	[disɛt]
13. treize	[tʀɛ:z]	18. dix-huit	[dizɥit]
14. quatorze	[katɔʀz]	19. dix-neuf	[diznœf]
15. quinze	[kɛ̃:z]	20. vingt	[vɛ̃]

연습문제 (Exercices)

A. 공란에 부정관사와 정관사를 쓰시오.

(1)_____ chambre (2)_____ lits (3)_____ fenêtre
(4)_____ maison   (5)_____ école (6)_____ jardins

B. 다음 문장을 도치의문문, 정치의문문, 복합도치의문문으로 고치시오.

(1) Ce sont des livres.   _____.
(2) Elle est contre le mur. _____.
                             _____.
(3) Les chiens sont dnas le jardin. _____.
                             _____.

C. 다음 낱말을 주어로 삼아 「~은 어디에 있느냐?」라는 의문문으로 쓰시오.

    elle → Où est-elle?

(1) le jardin   _____?
(2) les règles _____?

(3) la plume _____?
(4) les cahiers _____?

D. 다음 글을 프랑스어로 쓰시오.
   (1) 여기에 책상이 있다. 그것은 벽에 기대어 있다.
   _____

   (2) 여기에 20개의 연필이 있다. 그것들은 책상 위에 있다.
   _____

   (3) Marie의 어머니는 어디에 계시냐? 정원에 계신다.
   _____

   (4) 고양이는 어디에 있느냐? 그것은 침대 밑에 있다.
   _____

   (5) 이것은 Paul의 의자들이냐?
       아니다. 그것은 Paul의 의자들이 아니다.
   _____

회화 (Conversation)

Bonjour, Monsieur (Messieurs).
Quand je parle vite, vous ne me comprenez pas.
Quand je parle lentement, vous me comprenez.
Vous êtes sur une chaise devant la table.
Vous avez un livre de français à la main.
Vous regardez le livre de français.
Vous écoutez le français.

제3과

quand ~할 때, ~한다면; parle parler '말하다' 동사의 현재변화 1인칭 단수; vite 빨리; me 내 말을, 나를; ne...pas ~이 아니다; comprenez comprendre '이해하다' 동사의 현재변화 2인칭 복수; Quand je parle vite, vous ne me comprenez pas. 내가 말을 빨리 하면 여러분들이 내 말을 이해하지 못 합니다; lentement 천천히, 느리게; Quand je parle lentement, vous me comprenez. 내가 천천히 말을 하면 여러분들은 내 말을 이해한다. Vous êtes sur une chaise devant la table. 여러분들은 책상 앞 의자에 앉아 있다; avez avoir(영어의 have 동사)의 현재변화 2인칭 복수; le livre de français 프랑스어 책; à la main 손에; Vous avez un livre de français à la main. 여러분들은 손에 프랑스어 책을 가지고 있다. regardez regarder '보다' 동사의 현재변화 2인칭 복수; Vous regardez le livre de français. 여러분들은 프랑스어 책을 보고 있다. écoutez écouter '듣다, 청강하다' 동사의 현재변화 2인칭 복수; Vous écoutez le français. 여러분들은 프랑스어를 듣고 있다.

LEÇON TROIS: La chambre de Marie | 23

LEÇON QUATRE

Je suis petite.

Pro.　：Qu'est-ce que c'est?
Marie：C'est un tableau noir.
Pro.　：Qu'est-ce que c'est?
Marie：Ceci est un livre, et cela est une serviette.

Pro.　：Où est la serviette?
Marie：Elle est sur la table, elle est sous le livre.
Pro.　：Où es-tu maintenant?
Marie：Je suis dans la salle de classe. Je suis avec vous.
　　　　Nous sommes ensemble dans la salle de classe.

Pro.　：Comment sont les bancs et les pupitres des élèves?
Marie：Ils sont petits, mais la table du professeur est grande.
Pro.　：Est-ce que tu es grande?
Marie：Non, Monsieur. Je suis encore petite, mais vous, vous êtes grand.
Pro.　：Comment sont Paul et Pierre?

Marie : Ils sont déjà assez grands.

Pro. : Où sont-ils? Sont-ils ici avec nous?
marie : Oui, monsieur. Ils sont avec nous. Ils sont là, près du mur.
Pro. : Es-tu aussi près du mur?
Narie : Non, Monsieur. Je suis loin du mur. Ils sont à côté de la porte.
Pro. : Très bien. Merci, Marie.

제4과

petit, petite [pəti, pətit] 작은; un professeur [pRɔfɛsœːR] 교원, 교수; Marie [maRi]; un tableau noir [tablonwaːR] 흑판; ceci [səsi] 지시대명사로 '이것은, 이 것을'; cela [səla] 지시대명사로 '저것은, 저것을'; une serviette [sɛRvjɛt] 냅킨, 수건; sur [syR] 위에; sous [su] 아래에, 밑에: maintenant [mɛ̃tnɑ̃] 지금, 이제; salle [sal] 방, 실, 홀; une classe [klas] 계급, 반, 수업; une salle de classe 교실; avec [avɛk] ~와, ~와 함께, ~와 같이; ensemble [ɑ̃sɑ̃bl] 함께, 같이; comment [kɔmɑ̃] 어떻게, 왜; un banc [bɑ̃] 걸상, 벤치; une pupitre [pypitR] 작은 책상; élève [elɛːv] (남성, 여성 공용) 남학생, 여학생; mais [me] 그러나, 그렇지만; non [nɔ̃] 아니요; encore [ɑ̃kɔːR] 아직, 여전히, 더욱; grand(e) [gRɑ̃, gRɑ̃d] 큰, 키가 큰; Paul [pɔl] 사람이름; Pierre[pjɛːR] 사람이름; déjà [deʒa] 이미, 벌써; assez [ase] 충분히, 상당히, 꽤; ici [isi] 여기(에, 서); là [la] 거기서(에), 여기서 (에); près de [pRɛ də] 가까이; du [dy] 「전치사 de+le」의 축약형; un mur[myR] 벽; aussi [osi] 역시, 또한; loin de [lwɛ̃ də] ~에서 멀리 떨어진 곳에; à côté de [a kote də] ~의 곁에; une porte [pɔRt] 대문, 문; très [tRɛ] 매우, 몹시; bien [bjɛ̃] 만족스럽게, 훌륭하게, 잘; très bien 아주 잘, 훌륭하게; merci [mɛRsi] 감사, 사례, 연민, 감사합니다(영어로 thank you.)

1. 발음 (Prononciation)

E의 발음

(1) [e] : 발음하지 않는 끝 자음 앞에 있는 'e'.

LEÇON QUATRE: Je suis petite | 25

et [e], les [le], des [de], cahier [kaje]

(2) [ɛ] : 발음하는 자음 앞에 있는 'e'.

avec [avɛk], serviette [sɛrɛt], derrière [dɛrjɛːr]

예외 il est... [ɛ]

(3) [ə] : 음절 끝에 있는 'e'.

de [də], te [tə], petit [pəti], fenêtre [fənɛtr]

2. 문법 (Grammaire)

A. Être (이다, 있다)의 현재변화

긍정형	부정형	의문형
je suis...	je ne suis pas	suis-je?
[ʒə sɥi]	[ʒə nə sɥi pa]	
tu es	tu n'es pas	es-tu?
[ty e]	[ty ne pa]	
il est	il n'est pas	est-il?
[il ɛ]	[il nɛ pa]	[ɛtil]
elle est	elle n'est pas	est-elle?
[ɛl ɛ]	[ɛl nɛ pa]	[ɛtɛl]
nous sommes	nous ne sommes pas	sommes-nous?
[nu sɔm]	[nu nə sɔm pa]	
vous êtes	vous n'êtes pas	êtes-vous?
[vuzɛt]	[vu nɛt pa]	
ils sont	ils ne sont pas	sont-ils?
[il sɔ̃]	[il nə sɔ̃ pa]	[sɔ̃til]
elles sont	elles ne sont pas	sont-elles?
[ɛl sɔ̃]	[ɛl nə sɔ̃ pa]	[sɔ̃tɛl]

주의 의문형의 3인칭 단수와 복수에서 동사와 주어 사이에 끝 자음과 첫 모음을 연결하여 발음한다.

B. 형용사

(1) 형용사의 위치 : 형용사는 품질형용사와 한정형용사로 대별하며 형용사는 그것이 수식하는 명사나 대명사의 성·수에 따라 어미가 변한다. 이 형용사는 원칙적으로 명사 뒤에 놓이나, 다음과 같이 짧고 일상생활에 흔히 쓰이는 소수의 형용사들은 명사 앞에 쓰인다.

beau	아름다운	bon	좋은	joli	예쁜
grand	큰	jeune	젊은	long	긴
mauvais	나쁜	meilleur	더 좋은	moindre	보다 작은
nouveau	새로운	petit	작은	pire	더 나쁜
saint	성스러운	vieux	늙은	vrai	진실의

(2) 형용사 (Adjectif)의 변화 I

수 \ 성	남 성	여 성
단 수	grand	grand**e**
복 수	grand**s**	grand**es**

모든 형용사는 수식하는 명사의 성·수에 일치해야 한다. 먼저 형용사 변화를 하여 형용사의 어미에 'e'를 붙여 형용사의 어미가 끝 자음인 경우 발음을 하지 않던 끝 자음을 발음하며, 다음에 복수 변화를 하여 여성 변화 한 어미에 's'를 붙이고 발음하지 않는다. <u>남성, 여성 혼성일 때는 남성복수로 쓴다.</u>

Il est grand (petit).   → Elle est grand**e** (petit**e**).
Ils sont grand**s** (petit**s**)   → Elles sont grand**es** (petit**es**).
Paul et Marie sont grand**s** (petit**s**).

주의 형용사의 어미가 's, x'인 것은 남성복수에서 불변한다.

		남성복수		여성복수
frais	서늘한 →	frais	→	fraî**ches**
paresseux	게으른 →	paresseu**x**	→	paresseu**ses**

(3) 형용사의 변화 II

형용사의 어미가 -c→**-che**, -er→**-ère**, -f→**-ve**, -g →**-gue**, -x→**-se**로 변화한다.

남성 형용사		여성 형용사	
le mur blanc	흰 벽	la maison blan**che**	흰 집
le coeur franc	솔직한 마음	la réponse fran**che**	솔직한 대답
l' homme étranger	외국 남자	la dame étrang**ère**	외국인 부인
le premier livre	첫 번째 책	la premi**ère** leçon	첫째 과
le garçon actif	활동적인 소년	la fille ac**tive**	활동적인 소녀
un habit neuf	새 옷	une robe neu**ve**	새 드레스
le long crayon	긴 연필	la lon**gue** plume	긴 펜
l'oncle heureux	행복한 아저씨	la tante heureu**se**	행복한 아주머니
le garçon studieux	근면한 소년	la fille studieu**se**	근면한 소녀

(4) 형용사의 변화 III

형용사의 어미가 -an, -as, -eil, -el, -en, -et, -on, -os, -ot 등은 「중자음 + e」로 변한다.

남성 형용사		여성 형용사	남성 형용사		여성 형용사
paysan	농부의	→ paysan**ne**	bas	낮은	→ bas**se**
pareil	같은	→ pareil**le**	cruel	잔인한	→ cruel**le**
ancien	옛날의	→ ancien**ne**	muet	벙어리의	→ muet**te**
bon	좋은	→ bon**ne**	gros	뚱뚱한	→ gros**se**
sot	어리석은	→ sot**te**			

예외 -et의 어미를 가진 다음의 형용사들은 -ète로 변한다.

complet	→	compl**ète**	완전한		concret	→	concr**ète**	구체적인
inquiet	→	inqui**ète**	불안한		discret	→	discr**ète**	신중한
secret	→	secr**ète**	비밀의		replet	→	repl**ète**	살찐

C. 수축관사 (Article contracté)

전치사 「**de+le, les**」는 다음과 같이 한 단어로 수축된다.

    de le   (×) → du : La table **du** professeur
                           Il est près **du** mur.
    de les   (×) → des : les bancs **des** élèves
                           Ils sont près **des** fenêtres.

단, 남성명사나 여성명사의 첫 자가 모음이거나 무성 'h'일 때에는 'de l' '로 된다.

    de le   →   de l' : **de l**'homme
    de la   →   de l' : **de l**'école

D. 변하지 않는 지시대명사 Ce, Ceci, Cela.

(1) 형태 : 단일형 Ce(C') '이것(들)은'과 복합형 Ceci '이것(은)' 가까운 것을 의미하는 것과 Cela (Ça) '저것(들)은' 먼 것을 가리키는 것이 있다.

(2) 용법

① 지시대명사는 「이것(들), 그것(들), 저것(들)의」의 의미로 쓰이며, Ce는 être의 주어, 관계대명사의 선행사로 사용된다.

    C'est une belle robe.   그것은 아름다운 드레스다.
    Ce sont mes amis.   그들은 나의 친구들이다.

Ce qui j'aime, c'est la vérité.　　내가 사랑하는 것은 진리다.
Savez-vous ce qui m'est arrivé?　나에게 발생한 일을 아시오?

② ceci는 가까이 있는 것이나 앞으로 말하려는 것, cela는 멀리 있는 것이나 앞에서 말한 것을 의미한다.

Prenez ceci, laissez cela.
이것을 가지시고, 저것을 놔두시오.
Retenez bien ceci: le travail est un trésor.
다음 말을 명심하라. 노동은 보배다.
(ceci는 다음에 말하는 le travail est un trésor.를 의미한다.)
Sachez se taire: Faites cela, vous vous en trouverez bien.
침묵을 지킬 줄 알아야지요! 그렇게 하시면 좋을 것입니다.

③ Ce를 강조하기위하여 동사가 être가 아닐 때 주어 Ce 대신 Cela를 사용한다.

Il a échoué, cela ne me surprend pas.　(Cela=Ce)
그는 실패했다. 그것에 나는 놀라지 않는다.
Cela va sans dire.　그것은 말할 것도 없다.

④ Ça는 cela의 속어형으로서 관용적으로 쓰인다.

Ça va?　잘 있나?　　　　Comme ci, comme ça.　그럭저럭.
C'est ça. 바로 그것이오.　Ça ne fait rien.　　　　괜찮소.

E. 수 (Nombres) III

21. vingt et un　　[vɛ̃teœ̃]　　41. quarante et un　[kaʀɑ̃teœ̃]
22. vingt-deux　　[vɛ̃tø]　　　42. quarante-deux　[kaʀɑ̃tdø]
29. vingt-neuf　　[vɛ̃tnœf]　　49. quarante-neuf　[kaʀɑ̃tnœf]

30. trente	[tʀɑ̃t]	50. cinquante	[sɛ̃kɑ̃t]
31. trente et un	[tʀɑ̃teœ̃]	51. cinquante et un	[sɛ̃kɑ̃teœ̃]
32. trente-deux		52. cinquante-deux	
39. trente-neuf		59. cinquante-neuf	
40. quarante	[kaʀɑ̃t]	60. soixante	[swasɑ̃t]

3. 어휘 (Vocabulaire)

un tableau noir	흑판
près de	가까이
loin de	~에서 멀리 떨어진 곳에,
à côté de	~의 곁에
bien	좋아, 잘 했어,
très bien	아주 잘 했어, 매우 좋아
merci	감사합니다, 감사하네.

연습문제 (Exercices)

A. 다음 (   )에 être의 변화형을 쓰고 형용사를 일치시키시오.

(1) Marie (   ) joli__ .

(2) (   )-vous grand__ , Paul?

(3) Marie et Cécile (   ) petit__ .

(4) Jacques, Robert et Suzanne (   ) grand__ .

B. 다음 물음에 긍정형과 부정형으로 답하시오.

   (1) Es-tu grand?   긍정형 : Oui, _____
                                       부정형 : Non, _____

   (2) Sommes-nous grands?   긍정형 : _____
                                       부정형 : _____

   (3) Est-ce que Jeanne est jolie?   긍정형 : _____
                                       부정형 : _____

   (4) Suis-je petit?   긍정형 : _____
                                       부정형 : _____

   (5) Est-ce que les élèves sont petits?
                                       긍정형 : _____
                                       부정형 : _____

C. du, de la, de l', des 중에서 골라 (　)에 쓰시오.

   (1) Le livre (　　) garçon.
   (2) Les cahiers (　　) fille.
   (3) La porte (　　) école.
   (4) Nous sommes près (　　) fenêtre
   (5) Les bancs (　　) élèves.

D. 프랑스어로 쓰시오.

   (1) 지우개 19개 _____　(2) 연필 25자루 _____
   (3) 책 37권 _____　 (4) 48명의 소년들 _____
   (5) 41명의 소녀들 _____　(6) 54명의 부인들 _____
   (7) 60권의 노트들 _____

회화 (Conversation)

Pro.   : Êtes-vous dnas la salle de classe?
Elève : Oui, nous sommes dans la salle de classe avec vous.
Pro.   : Monsieur Li, est-il ici?
Elève : Non, Monsieur. Il n'est pas encore dans la salle de classe.
Pro.   : La maison de M. Li est loin d'ici?
Elève : Non, Monsieur. La maison de M. Li n'est pas loin d'ici.
         Elle est près d'ici.
Pro.   : Nous allons travailler le français.
         Êtes-vous prêts à travailler le français?
Elève : Oui, Monsieur. Nous sommes prêts à travailler le français.
Pro.   : Très bien. Merci.

> allons aller '가다' 동사의 현재변화 1인칭 복수로 「aller+inf.」는 '곧~하려고 한다'는 근접미래를 의미한다.   prêt [pʀɛ] 준비가 된; 「être prêt à (pour) + inf. (명사)」 ~할 준비가 되어 있다.; travailler [tʀavaje] 일하다, 공부하다, 근무하다.

LEÇON QUATRE: Je suis petite | 33

LEÇON CINQ

J'ai deux bras.

Paul   : J'ai deux bras. As-tu deux bras?
Marie : Oui, j'ai deux bras. J'ai aussi deux mains.
         Chaque main a cinq doigts.
Paul   : Est-ce que l'oiseau a des bras?
Marie : Non, l'oiseau n'a pas de bras, il a deux ailes.
Paul   : Avons-nous des pattes?
Marie : Non, nous n'avons pas de pattes.
         Nous avons des jambes.
Paul   : J'ai deux oreilles. Combien d'oreilles as-tu?
Marie : J'ai aussi deux oreilles: l'oreilles droite et l'oreille gauche.
Paul   : Combien d'yeux as-tu?
Marie : J'ai deux yeux.: l'oeil droit et l'oeil gauche.
Paul   : Combien de nez as-tu? As-tu deux nez?
Marie : Mais non! Je n'ai qu'un nez.
Paul   : Est-ce que l'oiseau a une bouche?
Marie : Non, l'oiseau n'a pas de bouche, il a un bec.

un bras [bʀa] 팔; une main [mɛ̃] 손; chaque [ʃak] ~마다, 매, 각자의; cinq [sɛ̃k]는 단독으로 쓰이거나 뒷 단어의 첫 자가 모음일 때에는 'k' 발음을 하나 뒷 단어의 첫 자가 자음일 때에는 끝 자음 'k'를 발음하지 않는다. cinq doigts [sɛ̃ dwa]로 발음한다; un doigt [dwa] 손가락; un oiseau [wazo] 새; 타동사가 부정으로 쓰이면 직접목적보어 앞에 있는 부정관사 un, une, des는 부정사 'de'로 변한다; Nous n'avons pas **de** pattes. 부정관 des가 'de'로 변했다; avons은 avoir (갖다)의 현재변화 1인칭 복수; une jambe [ʒɑ̃b] (사람의) 다리; une oreille [ɔʀɛj] 귀; 「combien de [kɔ̃bjɛ̃ də] +복수명사」는 '얼마나 많이'; droit [dʀwa] 바른 쪽, 곧은, 일직선의; gauche [goːʃ] 왼편의; un oeil [œj] 눈, oeil의 복수는 yeux [jɸ]이다; un nez [ne] 코; ne...que ...= seulement 오직, 뿐(만); une bouche [buʃ] (사람의)입; un bec [bɛk] 새의 부리.

1. 발음 (Prononciation)

cinq는 단독으로 쓰이면 끝 자음을 발음하지만 뒤에 자음으로 시작하는 단어가 오면 끝 자음 'q'를 발음하지 않는다.

cinq [sɛ̃k] → cinq livres [sɛ̃ livʀ]

2. 문법 (Grammaire)

A. avoir (가지다, 소유하다) 동사의 현재변화

긍정형	부정형	의문형
j'ai	je n'ai pas	ai-je?
[ʒe]	[ʒə ne pɑ]	[ɛ ʒə]
tu as	tu n'as pas	as-tu?
[tya]	[tu na pɑ]	[a ty]
il a	il n'a pas	a-t-il?
[ila]	[il na pɑ]	[atil]

elle a	elle n'a pas	a-t͜-elle?
[ɛla]	[ɛl na pɑ]	[atɛl]
nous‿avons	nous n'avons pas	avons-nous?
[nuzavɔ̃]	[nu navɔ̃ pɑ]	[avɔ̃ nu]
vous‿avez	vous n'avez pas	avez-vous?
[vuzave]	[vu nave pɑ]	[ave vu]
ils‿ont	ils n'ont pas	ont͜-ils?
[ilzɔ̃]	[il nɔ̃ pɑ]	[ɔ̃til]
elles‿ont	elles n'ont pas	ont͜-elles?
[ɛlzɔ̃]	[ɛl nɔ̃ pɑ]	[ɔ̃tɛl]

주의 3인칭 단수 il a...와 elle a... 등이 도치형 의문문으로 쓰이면 모음과 모음이 부딪히지 않도록 그 사이에 't'를 쓰고 연독을 한다.

Il a ....   →   A-**t**-il ...?
Elle a ...   →   A-**t**-elle ...?

B. 특수한 복수형을 취하는 명사들 III

단수명사		복수명사	
monsieur	씨, 신사	messieurs	
aïeul	조부	aïeuls 조부들	aïeux 조상
madame	부인	mesdames	
mademoiselle	양, 아가씨	mesdemoiselles	
ciel	하늘	cieux 하늘, 천국 또는	ciels 침대지붕
bonhomme	호인	bons͟hommes	
gentilhomme	신사	gentils͟hommes	
oeil	눈	yeux	

C. 부정사 de

타동사의 직접보어인 명사가 한정되어 있지 않은 경우에는 부정문에서 부정관사 대신 부정사 'de'를 쓴다.

Nous avons **une** maison.   →   Nous n'avons pas **de** maison.

D. 「combien de + 복수명사」로 쓰여 '얼마나 많이, 얼마큼의' 의미이다.

    Combien de livres a-t-il? 그는 몇 권의 책을 가지고 있는가?
    Combien mesure (pèse) cet enfant? 이 아이는 키(무게)가 얼마인가?

E. ne....que ....= seulement '오직, ~뿐(만)' 의미이다.

    Je **n**'ai **qu**'un nez   = J'ai **seulement** un nez.
    Elle **n**'a **que** trois livres.   = Elle a **seulement** trois livres.

F. 수 (Nombres) IV

61. soixante et un	81. quatre-vingt-un
62. soixante-deux	82. quatre-vingt-deux
69. soixaante-neuf	89. quatre-vingt-neuf
70. soixante-dix	90. quatre-vingt-dix
71. soixante et onze	91. quatre-vingt-onze
72. soixante-douze	92. quatre-vingt-douze
79. soixante-dix-neuf	99. quatre-vingt-dix-neuf
80. quatre-vingt**s**	100. un cent

제5과

3. 어휘 (Vocabulaire)

    combien de + 복수명사   얼마나 많이
    ne....que ... = seulement   오직, 뿐(만)

연습문제 (Exercices)

A. ( ) 안에 avoir 동의 변화를 알맞게 쓰시오.

   (1) Vous (　　) une table.

   (2) (　　)-t-il un cahier?

   (3) Combien de bras (　　)-nous?

   (4) Tu (　　) un crayon.

   (5) Les filles (　　) des livres.

   (6) L'oiseau n'(　　) pas de bouche.

B. 다음 문장을 복수로 고쳐쓰시오.

   (1) Tu es grand.　　　　　　　　_____.

   (2) Il a un canif.　　　　　　　　_____.

   (3) Voici le livre du garçon.　　_____.

   (4) Le chien n'a pas de bras.　_____.

   (5) Comment est le mur? Il est haut. _____.

C. 다음 물음에 부정으로 답하시오.

   (1) Ai-je un crayon?　　　　　　_____.

   (2) Avez-vous des parents?　　_____.

   (3) Sont-ils près de la maison?　_____.

   (4) Est-ce que M. et Mme Dupont ont des enfants?

                               _____.

D. 다음 문장을 프랑스어로 쓰시오.

   (1) 그녀는 단지 2자루의 연필만을 가지고 있다.

   _____

   (2) 당신은 어디에 있느냐? 나는 책상 곁에 있다.

   _____

(3) 너는 몇 권의 책을 가지고 있느냐? 나는 97권의 책을 가지고 있다.
_____

(4) 그 소녀는 키가 작으냐? 아니오, 그녀는 키가 작지 아니하고 크다.
_____

제5과

회화 (Conversation)

Pro.   : Bonjour, Monsieur. Comment allez-vous?
Elève : Très bien, merci.
Pro.   : Maintenant, répondez à mes questions, s'il vous plaît...
         Qui est le professeur, vous ou bien moi?
Elève : C'est vous.
Pro.   : Et qui est l'élève?
Elève : C'est moi.
Pro.   : Suis-je Français?
Elève : Oui, Monsieur, vous êtes Français.
Pro.   : Et vous, êtes-vous Français?
Elève : Non, Monsieur, je ne suis pas Français.
Pro.   : Parlez-vous français, vous?
Elève : Oui, un peu, très peu.

commeent allez-vous? [kɔmɑ̃talevu] 안녕하시오, 어떻게 지내십니까? (친한 사이에 Comment ça va? 재미 좋은가?); très bien [tʀebjɛ̃] 잘 있습니다; maintenant [mɛ̃tnɑ̃] 지금, 이제, 이 단어가 문장 앞에 나오면 '지금부터, 그러면'이라는 의미이다; répondez [ʀepɔ̃de] répondre '대답하다' 3군동사의 현재변화 2인칭 복수이다; mes [me] 소유형용사 1인칭 복수 나의; une question [kɛstjɔ̃] 질문; qui [ki] 의문대명사로 누구; moi [mwa] 강세형 인칭대명사 1인칭 단수로 나, vous는 강세형 인칭대명사 2인칭 복수로 당신 또는 너희들; C'est moi. 그것은 나입니

LEÇON CINQ: J'ai deux bras | 39

다. C'est vous. 그것은 당신입니다; ou [u] 또는, 혹은, 그렇지 않으면; ou의 강조로서 ou bien은 '그렇지 않으면' 의미; Français의 첫 자 'f'를 대문자로 쓰면 '프랑스 인' 의미이고, 'f'를 소문자로 쓰면 '프랑스어'라는 의미이다. et vous는 '그러면 당신은?' 의미이다; parlez [paʀle] parler '말하다'의 현재변화 2인칭 복수이다; parler français 프랑스어로 말하다; vous는 인칭대명사 강세형 2인칭 복수 '당신, 너희들'; un peu [œ̃ pø] 조금; très peu [tʀɛ pø] 아주 조금.

LEÇON SIX

Ma famille

제6과

Voici une image. C'est ma famille.

Elle a cinq personnes: ma grand-mère, mon père, ma mère, ma soeur et moi.

Je n'ai pas de grand-père.

Ma grnad-mère est vieille. Elle a soixante-huit ans.

Elle a des cheveux gris.

Mes parents ne sont ni vieux ni jeunes.

Mon père a quarante-cinq ans.

Ma soeur, Marie a onze ans. Elle est jolie avec ses cheveux noirs.

Sur l'image, je suis à côté de ma soeur.

J'ai seize ans, je suis lycéen.

une famille [famij] 가족, 가정; ma [ma] 소유형용사 1인칭 여성단수 '나의' 의미; une image [imaːʒ] 영상, 모습, 그림; cinq [sɛ̃k]로 발음하는데 personne의 첫 자가 자음이기 때문에 [sɛ̃]로 발음한다. une personne [pɛRsɔn] 사람, 인간, 개인; grand-mère grand이 여성명사와 합성 명사를 이룰 때는 여성변화하지 않는다. 할머니; vieux [vjø]의 여성형은 vieille 늙은, 나이가 든; 「avoir+숫자+ans」는 '나이가 몇이다'는 의미이다; cheveux [ʃvø] 머리 (카락), 두발; gris [gRi] 희색

> 의, 백발이 희끗희끗한; ne ...ni ...ni ... 두 개 이상의 단어를 부정할 때 부정하는 단어 앞에 pas 대신 ni를 써서 둘 다 부정한다, ~도~ 도 아니다, 같은 동사가 반복하여 쓰일 때는 두 번째에서 앞 동사 대신 virgule (,)를 써서 앞 동사를 의미한다. joli [ʒɔli] 예쁜, 귀여운; noir [nwaʀ] 검은. sur l'image 사진 속에; à côté de ~의 곁에; un lycéen [liseɛ̃] 프랑스의 국립중고등학생, 여성형은 une lycéenne [liseɛn] 국립 중고등여학생

Je ne suis ni grand ni petit.

J'ai aussi un oncle et une tante, mais ils sont aux États-Unis.

Notre maison est dans la banlieue de Paris.

Elle a un étage. Ma grand-mère et mes parents ont leurs chambres au rez-de chaussée.

J'ai ma chambre au premier étage.

Au premier, nous avons aussi la chambre de Marie et une chambre d'amis.

Maintenant, nous sommes dans le jardin.

Notre jardin n'est pas très grand, mais il est charmant avec une pelouse et des arbres. Dans le jardin, notre petit chien joue gaiement avec nous.

> un oncle [ɔ̃kl] 백부, 숙부, 삼촌; une tante [tɑ̃t] 백모, 숙모, 아주머니; 전치사 à+les는 aux로 된다. ~에(게), ~으로; les États-Unis [lezetazyni] 미합중국= l'Amérique [lamerik]; mais 그러나, 하지만; notre [nɔtʀ] 소유형용사 1인칭 복수 우리의; une banlieue [bɑ̃ljø] 교외, 시외; un étage [etaːʒ] (집의) 층; ma [ma] 소유형용사 1인칭 단수 여성형 나의; leurs [lœʀ] 소유형용사 3인칭 복수로 '그들의'; un rez-de chaussée (복수 불변함) 일층, 아래층; premier [pʀəmje] 첫째의, 최초의; ami(e) 남(여)자 친구; un jardin [ʒaʀdɛ̃] 뜰, 정원; charmant [ʃaʀmɑ̃] 즐거운, 유쾌한, 귀여운, 예쁜; une pelouse [pəluːz] 잔디밭, 잔디; un arbre [aʀbʀ] 나무, 수목; joue [ʒu] jouer [ʒue] '놀다'는 1군동사의 현재변화 3인칭 단수; gaiement 즐겁게; avec 함께; nous 인칭대명사 강세형 1인칭 복수 '우리들' 의미.

1. 발음 (Prononciation)

OU	[u]	: b**ou**che, c**ou**de, n**ous**, v**ous**, s**ous**, S**éou**l
AU, EAU	[o]	: **au**ssi, g**au**che, h**au**t, b**eau**, ois**eau**
OI	[wa]	: d**oi**gt, m**oi**, **oi**seau, v**oi**ci
	[wɑ]	: b**ois**, m**ois**, tr**ois**
AM, AN, EM, EN [ã]		: j**am**be, dim**an**che, nov**em**bre, comm**ent**
IM, IN, AIM, AIN, EIM, EIN [ɛ̃]		: s**im**ple, f**in**, c**inq**, f**aim**, dem**ain**, s**ein**

2. 문법 (Grammaaire)

A. 합성명사의 복수 IV

(1) 「명사+명사」, 「형용사+명사」는 양 단어가 복수로 된다.

  un wagon-restaurant 식당차 → des wagon**s**-restaurant**s**
  un beau-père 의붓아버지 → des beau**x**-père**s**
  un petit-fils 손자 → des petit**s**-fils
  une basse-cour 가금사육장 → des basse**s**-cour**s**
  un grand-père 할아버지 → des grand**s**-père**s**
  단, une grand-mère(할머니)는 불변한다.

(2) 「명사+전치사+명사」는 앞 명사만 복수로 된다.

  un agent de police 순경 → des agent**s** de police
  un arc-en-ciel 무지개 → des arc**s**-en-ciel
  un chef d'oeuvre 걸작 → des chef**s** d'oeuvre
  une pomme de terre 감자 → des pomme**s** de terre

(3) 「불변화어인 동사+명사」는 명사만 복수로 된다.

    une garde-robe   옷장 → des garde-robe**s**

    un tire-bouchon   병따개 → des tire-bouchon**s**

> **예외** un gratte-ciel (마천루), un porte-monnaie (돈지갑), un porte-plume (펜대) 등은 복수불변한다.
>
> **EX.** un porte-monnaie → **des** porte-monnaie

(4) 「동사+동사」는 불변한다.

    un laissez-passer 통행증, un va-et-vient 왕래, un on-dit 소문

B. 소유형용사 (Adjectif possessif)

남성 단수		여성 단수		남여성 복수	
mon		ma		mes	
ton		ta		tes	
son	père	sa	mère	ses	parents
notre		notre		nos	
votre		votre		vos	
leur		leur		leurs	

> **주의** (1) 여성명사 단수 앞에서 모음의 중복을 피하기 위하여 「ma, ta, sa 대신 남성 mon, ton, son을」 쓴다.
>
>   ma (×)   mon
>   ta (×) → ton   école, oreille
>   sa (×)   son

C. 수축관사 : 전치사 'à' 뒤에 정관사가 놓이면 다음과 같이 변한다.

    à + le → au   : **au** premier étage   2층에
    à + la → à la : **à la** maison   집에
    à + les → aux : **aux** États-Unis   미국에

주의 남성명사나 여성명사의 첫 자가 모음이거나 무성 'h'일 때는 다음과 같이 변한다.

   au → à l' : à l'homme 그 남자에게
   à la → à l' : à l'école   학교에

D. 고유명사의 성

(1) 국명의 성 : le Mexique를 제외하고 'e'로 끝난 국명은 여성국명이고 그 외의 국명은 남성이다.

남성 국명		여성 국명	
le Brésil	브라질	l'Amérique	미국
le Canada	카나다	la Chine	중국
le Japon	일 본	la Corée	한국
le Pérou	페 루	la France	프랑스

(2) 국명에 쓰이는 전치사

'~나라에, ~나라로'란 의미로 전치사를 쓸 때 남성 국명 앞에는 'au'를, 여성국명 앞에는 'en'을 쓴다. 단 '미합중국'이란 국명을 쓸 때에는 복수이기 때문에 'aux'를 쓴다.

남성 국명		여성 국명	
au Bréil	브라질에(로)	**en** Amérique	미국에(으로)
au Canada	카나다에(로)	**en** Corée	한국에(으로)
au Japon	일본에(으로)	**en** France	프랑스에(로)

E. 남성 2형 변화가 있는 형용사들 IV

남성 1형	남성 2형	여성형	
beau	**bel**	**belle**	아름다운
fou	**fol**	**folle**	미친

mou	**mol**	**molle**	물렁물렁한
nouveau	**nouvel**	**nouvelle**	새로운
vieux	**vieil**	**vieille**	늙은

주의 ① 남성 2형은 남성명사의 첫 자가 모음이거나 무성 'h'일 때 그 앞에 쓰인다.

　　　　un **bel a**mi　　　좋은 친구
　　　　un **nouvel a**n　　　새해
　　　　un **vieil h**omme　　노인

② 형용사의 어미가 '-eau'인 것과 '-al'인 것은 복수에서 다음과 같이 변화한다.

			남성복수	여성복수
beau	아름다운	→	beau**x**	b**elles**
nouveau	새로운	→	nouveau**x**	nouv**elles**
brutal	난폭한	→	brut**aux**	brut**ales**
loyal	충실한	→	loy**aux**	loy**ales**

예외 fatal(숙명적인), final(끝의), naval(해군의) 등은 예외다.
EX. des heures fat**ales** 운명적인 시간들

F. 부정사 : ne...ni...ni

두 개 이상의 단어를 부정하여 '~도 ~도 아니다(없다)'고 부정할 때 부정하는 단어마다 앞에 'pas' 대신 'ni'를 쓴다.

　　Je **n**'ai **ni** père **ni** mère **ni** frère.
　　나는 아빠도 엄마도 형제도 없다.

3. 어휘 (Vocabulaire)

une grand-mère	할머니
ne...ni...ni...	~도~도 아니다
sur l'image	사진 속에
à côté de	~ 곁에
les État-Unis=l'Amérique	미국
avoir 숫자+ans	나이가 몇 살이다
un rez-de-chaussée	일층, 아래층

연습문제 (Exercices)

A. 괄호 속의 우리말을 프랑스어로 쓰시오.
 (1) (너의) parents   (2) (그들의) enfants
 (3) (그녀의) armoire   (4) (그의) oreilles

B. au, à la, à l', aux 중에서 (   )에 쓰시오.
 (1) Ils sont (   ) maison.
 (2) Il est (   ) Canada.
 (3) Les hommes sont (   ) champs.
 (4) Nous sommes (   ) école.

C. 형용사를 남성은 여성으로, 여성은 남성으로 고쳐 쓰시오.
 (1) son <u>beau</u> père   (2) votre <u>vieille</u> femme
 (3) notre <u>jeune</u> oncle   (4) une <u>nouvelle</u> robe

D. 다음 표현을 복수로 쓰시오.

    (1) mon chapeau bleu   (2) votre vieux bijou

    (3) un cheveu gris   (4) un oeil noir

E. ni...ni...를 써서 한 문장으로 쓰시오.

    (1) Elle n'est pas grande. Elle n'est pas petite.

    (2) Il n'a pas de livre. Il n'a pas de cahier.

    (3) Ils ne sont pas en Corée. Ils ne sont pas au Japon.

F. 다음 문장을 프랑스어로 쓰시오.

    (1) 나의 할아버지는 75세이다.

    (2) 너의 양친은 어디에 계시냐? 그들은 프랑스에 계신다.

    (3) 그는 몇 개의 이(une dent [dã])를 가지고 있느냐?
        그는 32개의 이를 가지고 있다.

    (4) 그 새들은 어떠냐? 그것들은 예쁘다.

회화 (Conversation)

Pro.   : Où est ta maison?

Elève : Ma maison est dans la banlieue de Séoul.

Pro.   : Est-elle loin d'ici?

Elève : Non, Monsieur. Pas loin d'ici. Elle est près d'ici.

Pro.   : Combien d'étages a-t-elle?

Elève : Elle a deux étages.

Pro.   : Le jardin est-il dans la maison?

Elève : Oui, Monsieur. Il y a un jardin avec une pelouse et des arbres dans ma maison.

Pro.   : Combien de personnes avez-vous dans votre famille?
Elève : J'ai la grand-mère, le père, la mère, la soeur et moi.
         Ce sont les cinq personnes.
Pro.   : Ta grand-mère est‿elle en Corée?
Elève : Non, Monsieur. Elle est‿au Japon.
Pro.   : Quel âge a-t‿elle?
Elève : Elle a soixante-quinze‿ans.
Pro.   : Et ton père?
Elève : Il a quarante-neuf‿ans. Il n'est ni jeune ni vieux.
Pro.   : Très bien. Merci.

제6과

loin de [lwɛ̃ də] ~에서 멀리 떨어진 곳에; ici [isi] 여기서(에); Pas loin d'ici. 여기서 멀지 않다; un étage [eta:ʒ] 층; Le jardin est‿il dnas ta maison? '너의 집에 정원이 있느냐?'는 복합도치의문문; il y a.. [ilja] (비인칭용법) '~(들)이 있다; une personne [pɛRɔn] 사람, 인간; cinq [sɛ̃k]로 단독으로 쓰이면 끝 자음 'q'를 발음하지만 cinq 뒤에 자음으로 시작하는 personne가 있으므로 cinq[sɛ̃]으로 발음한다. Quel âge a-t‿-elle? 그녀는 몇 살이냐?; Et ton père? '그러면 너의 아버지는?'의 의미는 '너의 아버지는 몇 살이니?'는 의미이다.

LEÇON SIX: Ma famille | 49

LEÇON SEPT

Les mois et les saisons

Pro.   : Combien de saisons y a-t‿il dans une année?
        Parle haut les quatre saisons.
Marie : Il y a quatre saisons: le printemps, l'été, l'automne et l'hiver.
Pro.   : En quelle saison sommes-nous?
Marie : Nous sommes au printemps. Il fait doux. C'est une belle saison.
Pro.   : Quel temps fait-il en été?
Marie : Il fiat chaud.
Pro.   : Et en hiver?
Marie : En hiver, il fait très froid.
Pro.   : Y a-t‿il beaucoup de fleurs en hiver?
Marie : Non, Monsieur. Il y a peu de fleurs. Mais au printemps, nous avons beaucoup de fleurs.

un mois [mwa] 달, 월; une saison [sɛzɔ̃] 계절; en [ã] 에, ~(안)에서; quel(le) [kɛl] 어떤, 어떠한; au printemps [o pRɛ̃tã] 봄에; fait [fe]는 faire [fɛR] '만들다, 하다'로 날씨에 쓰인다; il fait beau. 날씨가 좋다; doux(ce) [du, dus] 단, 맛있는, 기분 좋은, 즐거운, 온화한; belle [bɛl]는 beau [bo] '아름다운, 예쁜, 좋은'의

여성형; une année [ane] 해, 한 해, 1년; dans une année 1년에; il y a... ~(들)이 있다. il y a를 도치형 의문문으로 쓸 때에는 a와 il 사이에 모음 중복을 피하기 위하여 사이에 't'를 쓴다: Y a-t-il...?; un été [ete] 여름; un automne [ɔtɔn] 가을; un hiver [ivɛːʀ] 겨울; 계절 앞에 전치사를 쓸 때에는 un printemps에만 'au'를 쓰고, 나머지 계절에는 'en'을 쓴다. le temps [tɑ̃] 때, 시대, 날씨, 일기; chaud(e) [ʃo, ɔd] 뜨거운, 더운; froid [fʀwa] 추운; 「beaucoup [boku] de+복수명사」 ~이 많은; 「peu [pø] de + 복수명사」 약간, 조금; une fleur [flœːʀ] 꽃

제7과

Pro.   : Combien de mois y a-t-il dans une année?

Marie : Il y a douze mois dans une année. Ce sont : janvier, février, avril, mai, juin, juillet, août, septembre, octobre, nobembre et décembre.

Pro.   : En quel mois sommes-nous maintenant?

Marie : Nous sommes en avril. Nous avons un beau temps au mois d'avril.

Pro.   : Combien de jours dans une semaine?

Marie : Il y a sept jours de la semaine.

Pro.   : Quels sont les sept jours de la semaine?

Marie : Ce sont : lundi, mardi, mercredi, jeudi, vendredi, samedi et dimanche.

Pro.   : Quel jour est-ce aujourd'hui?

Marie : C'est aujourd'hui jeudi. C'est le trente avril, le dernier jour du mois.

Pro.   : Très bien, merci, Marie. Au revoir.

janvier [ʒɑ̃vje] 1월; février [fevʀie] 2월; mars [maʀs] 3월; avril [avʀil] 4월; mai [mɛ] 5월; juin [ʒɥɛ̃] 6월; juillet [ɥijɛ] 7월; août [u] 8월; septembre [sɛptɑ̃bʀ]

LEÇON SEPT: Les mois et les saisons | 51

9월; octobre [ɔktɔbʀ] 10월; novembre [nɔvãbʀ] 11월, decembre [desãbʀ] 12월; Nous sommes au mois de mars (en mars). 지금은 3월이다. Nous avons un beau temps au mois d'avril. = Il fait beau temps au mois d'arvril (en avril). 4월에는 날씨가 좋다. un jour [ʒu:ʀ] 날, 낮; semaine [səmɛn] 주; lundi [lœ̃di] 월요일; mardi [maʀdi] 화요일; mercredi [mɛkʀədi] 수요일; jeudi [ʒødi] 목요일; vendredi [vãdʀədi] 금요일; samedi [samdi] 토요일, dimanche [dimaɑ̃ʃ] 일요일; aujourd'hui [oʒuʀdɥi] 오늘; Quel jour est-ce aujourd'hui? 오늘은 무슨 요일입니까? 또는 오늘은 며칠입니까?;「정관사 le +숫자」는 '날짜'를 의미한다. 그래서 'le trente'는 '30일'이라는 의미이다; dernier(-ère) [dɛʀnje,-jɛ:ʀ]가「dernier + 명사」일 때는 '최후의, 마지막의' 의미이고,「명사 + dernier」일 때는 '지난' 의미이다.

1. 발음 (Prononciation)

(1) Ai [e] : j'ai, quai

　　　[ɛ] : aile, chaise, mais, saison

(2) Ei [ɛ] : seize, treize, Seine, baleine

2. 문법 (Grammaire)

A. 1군동사 : 동사의 어미가 **"-er"**인 것은 1군동사이다. 단, **aller**(가다)는 불규칙 변화하는 3군동사이다.

aimer (사랑하다, 좋아하다)의 현재변화

긍정형	의문형	부정형
j'aime	Est-ce que j'aime?	je **n**'aime **pas**
tu aimes	Aimes-tu?	tu **n**'aimes **pas**
il aime	Aime-t-il?	il **n**'aime **pas**

elle aim**e**	Aime-t‿-elle?	elle **n**'aime **pas**
nous‿aim**ons**	Aimons-nous?	nous **n**'aimons **pas**
vous‿aim**ez**	Aimez-vous?	vous **n**'aimez **pas**
ils‿aim**ent**	Aiment‿-ils?	ils **n**'aiment **pas**
elles‿aim**ent**	Aiment‿-elles?	elles **n**'aiment **pas**

주의 ① 동사의 첫 자가 모음이나 무성 h일 때 1인칭 단수 Je에서 모음 'e'를 생략하며, 복수에서는 주어와 동사 사이를 연독한다.

② 동사의 어미 '-e, -es, -e, -ent' 등은 발음하지 않는다.

③ 도치할 때는 동사와 주어 사이에 연결선 '-'을 쓰며, 3인칭 단수에서는 모음의 중복을 피하기 위하여 동사와 주어 사이에 't'를 쓰고 그 사이에 연결선을 쓴다.

habiter (거주하다), parler (말하다), regarder (보다), travailler (일하다, 근무하다) 동사들을 변화시켜 보세요.

B. 명령법 (Impératif) I

명령법은 2인칭 단수, 1인칭 복수, 2인칭 복수에서만 주로 쓰이며, 2인칭 단수의 어미가 '-es'일 때 's'를 생략한다.

Tu parl**es**. (너는 말한다). → Parl**e**. (말해라).
Nous parlons. (우리는 말한다). → Parlons. (말하자).
Vous parlez. (당신은 말한다). → Parlez. (말하시오).

C. 의문형용사 (Adjectif interrogatif)

(1) 형태

수 \ 성	남 성	여 성
단 수	quel	quelle
복 수	quels	quelles

(2) 용법

a. 부가형용사로서 '어떤, 얼마만큼의'를 뜻한다.

LEÇON SEPT: Les mois et les saisons

Quelle fleur aimez-vous? 어떤 꽃을 좋아하십니까?
Quel âge avez-vous? 몇 살입니까?

b. 속사로 '무엇, 얼마'란 의미이다.

Quel est ton nom? 네 이름이 무엇이냐?
Quelle est la longueur? 길이는 얼마인가?

c. 감탄사로 쓰인다.

Quel bonheur ! 얼마나 행복한가 !
Quel appétit ! 웬 식욕이람 !
주의 감탄사 Quel 뒤에서는 관사를 생략한다.

D. 비인칭 용법으로 쓰이는 「il y a + 단수명사, 복수명사」

(1) 용법

a. **Il y a** des livres sur la table. (존재의 의미)
   책상 위에 책들이 있다.
b. **Il y a** une semaine. (시간 의미)
   1주일 전에.

(2) 의문형 : il y a ...를 의문형으로 만들 때 모음의 중복을 피하기 위하여 'a'와 'il' 사이에 't'를 쓰고 양쪽에 연결선 '-'을 쓰며 't'와 'il' 사이를 연음하여 [til]로 발음한다.

Il y a un chat. → **Y a-t-il** un chat? 고양이가 있니?
　　　　　　　　=**Est-ce qu'il y a** un chat?

(3) 의문대명사 Que와 함께 쓰일 때

Qu'y a-t-il (=**Qu'est-ce qu'il y a**) sur la table?

책상 위에 무엇이 있습니까?
> **주의** 의문대명사 Qu'est-ce que (무엇) 뒤에서는 주어와 동사가 도치되지 않는다.

(4) 부정형 : 부정문에서는 직접보어 앞에 있는 부정관사나 부분관사가 부정사 '**de**'로 변한다.

<u>Y a-t-il un</u> livre (**des** livres) sur la table?
책상 위에 책(들)이 있느냐?
Non, <u>il n'y a pas de</u> livre(s) sur la table.
아니요, 책상 위에는 책(들)이 없습니다.

E. 불규칙하게 여성변화 하는 형용사들 V

aigu - aigu**ë** [egy] (발음 같음)	뾰족한,	doux – dou**ce**	맛있는
épais - épais**se**	두꺼운,	frais - fra**î**che [frɛʃ]	서늘한
favori – favori**te**	좋아하는,	gentil [ʒɑ̃ti] - genti**lle**	친절한
malin - mali**gne** [maliɲ]	약바른, 간사한,	grec –gre**cque**	희랍의
exprès – expr**esse**	단호한, 명백한,	public – publi**que**	공공의
sec - s**èche** 마른,	tiers -tier**ce** 제 3의,	roux –rou**sse**	다갈색의

EX. un fruit **doux** 맛있는 과일
→ une pomme **douce** 맛있는 사과
des fruits **doux** 맛있는 과일들
→ des pommes **douces** 맛있는 사과들

F. 서수형용사

premier(첫째)와 second(e) [səgɔ̃, d] (둘째)을 제외하고 기수형용사의 어미에 '-ième'를 붙여 서수형용사를 만든다. 기수형용사의 어미가 'e'일 때는 'e'를 생략한다. cinq는 '-uième'가 되며, neuf는 'f'가 'v'로 변하여 '-vième'가 된다. 서수형용사 앞에 반드시 정관사를 쓴다.

첫째의	premi**er(ère)**	= 1ᵉʳ. ère	여섯째의	six**ième**	= 6ᵉ
둘째의	deux**ième**, **second(e)**	= 2ᵉ	일곱째의	sept**ième**	= 7ᵉ
셋째의	trois**ième**	= 3ᵉ	여덟째의	huit**ième**	= 8ᵉ
넷째의	quatr**ième**	= 4ᵉ	아홉째의	neuv**ième**	= 9ᵉ
다섯째의	cinq**uième**	= 5ᵉ	열째의	dix**ième**	= 10ᵉ

3. 어휘 (Vocabulaire)

Combien de saisons y a-t-il dans une année?
일 년에는 계절이 몇 개나 있습니까?
Il y a quatre saisons : le trintemps, l'été, l'automne et l'hiver.
일 년에는 4계절이 있는데 봄, 여름, 가을과 겨울이 있습니다.
En quelle saison sommes-nous? 지금은 어느 계절입니까?
Nous sommes au printemps(en été, en automne, en hiver).
지금은 봄(여름, 가을, 겨울)이다.
Quel temps fait-il au printemps (en été, en automne, en hiver)?
봄(여름, 가을, 겨울)에는 날씨가 어떻습니까?
Il fait beau (mauvais, chaud, froid). 날씨가 좋 (나쁘, 덥, 춥)다.
Combien de mois y a-t-il dans une année?
일 년에는 몇 개월이 있습니까?
beaucoup de+복수명사 ~이 많은,
peu de+복수명사 ~이 약간, 조금
En quel mois sommes-nous? 지금은 무슨 달입니까?
Nous sommes en avril (au mois d'avril). 지금은 4월입니다.
Quel jour est-ce aujourd'hui? 오늘은 무슨 요일 (며칠) 입니까?

C'est aujourd'hui jeudi et le trente avril.

오늘은 목요일 4월 30일이다.

「dernier + 명사」 최후의, 마지막의, 「명사 + dernier」 지난

연습문제 (Exercices)

제7과

A. (   ) 에 알맞은 Quel의 변화를 쓰시오.

(1) (   ) livres avez-vous?

(2) En (   ) année sommes-nous?

(3) (   ) est votre nom?

(4) En (   ) saisons avons-nous des fleurs?

B. 다음 문장을 복수로 쓰시오.

(1) L'arbre est beau. → _____ .

(2) Il y a un cahier sur la table. → _____ .

(3) Le tableau est noir. → _____ .

(4) Mon oncle est vieux. → _____ .

C. (   )에 적당한 전치사나 수축관사를 쓰시오.

(1) Nous avons beaucoup de fleurs (   ) printemps.

(2) Il fait froid (   ) hiver.

(3) Nous sommes (   ) mai.

(4) Le salon est (   ) rez-de-chaussée.

(5) Ils ne sont pas (   ) France.

LEÇON SEPT: Les mois et les saisons | 57

D. ( )에 알맞은 서수형용사를 쓰시오.

(1) Lundi est le ( ) jour de la semaine.
(2) Mercredi est le ( ) jour de la semaine.
(3) Quel est le ( ) jour de la semaine? C'est samedi.
(4) Septembre est le ( ) mois de l'année.
(5) Nous sommes au ( ) siécle.

회화 (Conversation)

Pro. : Combien de jours y a-t-il dans une semaine?
Marie : Il y a sept jours dans une semaine.
Pro. : Quel jour est-ce aujourd'hui?
Marie : C'est aujourd'hui jeudi, le dix septembre.
Pro. : Combien de mois y a-t-il dans une année?
Marie : Il y a douze mois dans une année.
Pro. : En quel mois sommes-nous?
Marie : Nous sommes au mois d'octobre.
Pro. : Combien de saisons y a-t-il dans une année?
Marie : Il y a quatre saisons dans une année.
Pro. : En quelle saison sommes-nous?
Marie : Nous sommes en automne.
Pro. : En quelle saison fait-il chaud?
Marie : Il fait très chaud en été.
Pro. : Très bien, merci.

Lecture

Djumbo est une grande éléphante de dix ans. Elle est vieille et elle est très lourde. Elle a deux larges oreilles, un long nez, deux tout petits yeux et une queue très courte. Sa peau grise est épaisse. Avec ses quatre grosses pattes, elle court vite.

참고 courir (뛰다, 달리다)의 현재변화

je	cours	nous	courons
tu	cours	vous	courez
il	court	ils	courent
elle	court	elles	courent

LEÇON HUIT

Le printemps

Nous sommes au printemps. Au printemps, les oiseaux volent de branche en branche. Et ils chantent aussi gaiement dans ses arbres.

Ils ont des feuilles vertes. Il y a aussi beaucoup de fleurs dans le jardin. La nature est très belle.

Pro.   : Les arbres sont-ils toujours verts?
Marie : Non, Monsieur. Au printemps et en été, ils portent des feuilles rouges ou jaunes.
Pro   : En quel mois le printemps finit?
Marie : Le printemps finit au mois de mai.
Pro.   : Et de quelle couleur est la terre en hiver?
Marie : Elle est blanche. Quand elle brille au soleil, elle est très belle. J'aime la neige.
Pro.   : Est-ce que tu n'aimes pas les fleurs?
Marie : Si, Monsieur. J'aime aussi les fleurs. J'aime surtout les roses.
Pro.   : Les roses ont-elles toujours la même couleur?
Marie : Non, Monsieur. Il y a des roses blanches, rouges et jaunes.

un oiseau [wazo] 새; volent [vɔl] voler [vɔle] '날다'의 현재변화 3인칭 복수; de branche en branche 가지에서 가지로; chantent [ʃɑ̃t] chanter [ʃɑ̃te] '노래하다'의 현재변화 3인칭 복수; aussi [osi] 역시, 또한; gaiement [gemɑ̃] 즐겁게; un arbre [aʀbʀ] 나무; une feuille [fœj] 나뭇잎; une nature [naty:ʀ] 자연(계); toujours [tuʒu:ʀ] 언제나, 항상; vert(e) [vɛ:ʀ, t] 녹색의, 푸른; portent [pɔʀt] porter [pɔʀte] '들다, 가지고 있다' 동사의 현재변화 3인칭 복수; rouge [ʀu:ʒ] 붉은 색의; ou [u] 또는, 혹은; jaune [ʒo:n] 노란, 황색의; une couleur [kulœ:ʀ] 색, 빛깔; de quelle couleur? 무슨 색이냐? une terre [tɛ:ʀ] 땅, 지구, 세계; blanc(he) [blɑ̃, ʃ] 흰, 흰색의; quand [kɑ̃] ~할 때, ~한다면; brille [bʀij] briller [bʀije] '빛나다, 반짝이다' 동사의 현재변화 3인칭 단수; un soleil [sɔlɛj] 태양, 해; aime [ɛm] aimer [ɛme] '사랑하다, 좋아하다'의 현재변화 1인칭 단수; une neige [nɛ:ʒ] 눈; une fleur [flœ:ʀ] 꽃; si 부정질문에 긍정 대답 '아니(요)'; surtout [syʀtu] 특히; une rose [ʀo:z] 장미; même [mɛm] 같은.

제8과

1. 발음 (Prononciation)

EU [œ] : couleur, jeune, rpofesseur
　　[ø] : bleu, monsieur, vieux

2. 문법 (Grammaire)

A. 2군동사 : 동사의 어미가 '**-ir**'인 것을 규칙변화하는 2군동사라 한다.

fnir (끝내다)의 현재변화

긍정형	부정형	의문형
je fin**is**	je **ne** fin**is** **pas**	**Est-ce que** je finis?
tu fin**is**	tu **ne** finis **pas**	Finis-tu?
il fin**it**	il **ne** finit **pas**	Finit-il?
elle fin**it**	elle **ne** finit **pas**	Finit-elle?
noùs fin**issons**	nous **ne** finissons **pas**	Finissons-nous?

LEÇON HUIT: Le printemps | 61

vous fin**issez**	vous **ne** finissez **pas**	Finissez-vous?
ils fin**issent**	ils **ne** finissent **pas**	Finissent_-ils?
elles fin**issent**	elles **ne** finissent **pas**	Finissent_-elles?

> **주의** ① 동사의 첫 자가 모음이거나 무성 h일 때는 1인칭 단수 주어 je의 모음 'e'를 생략한다.
> ② 1인칭 단수 의문형은 「Est-ce que + 긍정이나 부정?」으로 쓴다.
> ③ 3인칭 복수의 어미 '-ent'는 발음하지 않는다.
> 다음 동사들을 변화하시오.
> choisir (선택하다), grandir (자라다), nourir (양육하다)
> obéir (순종하다)

B. 복합도치 의문문

주어가 Ce, On 대명사 이외의 명사나, 고유명사일 때는 주어를 앞에 놓고 그 주어에 해당하는 인칭대명사를 동사 뒤에 쓰고 동사와 인칭대명사 사이에 연결선을 쓴다.

      Est-ce que la rose est jolie?
      → La rose **est-elle** jolie?
      Est-ce que vos parents ont une voiture?
      → Vos parents **ont-ils** une voiture?

C. 부정의문문에 대한 답의 Si와 Non

부정의문문에 대하여 긍정으로 답할 때는 'Si (아니요)'로, 부정으로 답할 때는 그대로 'Non (예)'이다.

    N'es-tu **pas** fatigué?   너 피곤하지 않니?
    Si, je suis fatigué.   아니요, 피곤합니다.
    Non, je ne suis pas fatigué.   예, 피곤하지 않습니다.

D. 위치에 따라 뜻이 다른 형용사들

    un bon homme   호인,   un homme bon   친절한 사람

un brave hmme	정직한 사람,	un homme brave	용감한 사람
un certain fait	어떤 사건,	un fait certain	확실한 사건
un cher ami	친한 친구,	un livre cher	비싼 책
une commune voix	이구동성,	une expression commune	보통의 표현
la dernière semaine	마지막 주,	la semaine dernière	지난 주
un grand homme	위인,	un homme grand	키 큰 사람
un honnête homme	신사,	un homme honnête	정직한 사람
la même avis	같은 의견,	le lendemain même	바로그다음날
un pauvre homme	가련한 사람,	un homme pauvre	가난한 사람
son propre fils	그의 친 아들,	la chambre propre	깨끗한 방

E. 날씨에는 faire 동사를 쓴다.

Quel temps fait-il? 날씨가 어떻습니까?

Il fait
- beau (mauvais). 좋습니다. (안 좋습니다.)
- chaud (froid). 덥습니다. (춥습니다.)
- doux (frais). 따뜻합니다. (서늘합니다.)
- clair (sombre). 맑습니다. (어둡습니다.)

F. 비인칭 동사 (Verbe impersonnel)

중성의 'il'과 함께 3인칭 단수에만 쓰이는 동사로 'il'은 비인칭 주어이며 형식상의 주어로 아무 뜻이 없다.

(1) 본래의 비인칭 동사

주로 기후, 기상을 나타내는 동사들과 falloir (해야 한다), s'agir (~이 문제다) 등이 있다.

bruiner 이슬비 오다, dégeler 얼음이 녹다, geler 얼(리)다, neiger 눈이 오다, grêler 우박이 오다, pleuvoir 비오다, tonner 천둥치다, venter 바

람이 불다
Il dégèle au printemps.　　봄에는 얼음이 녹는다.
Il me **faut** dix mille Wons.　나에게 만원이 필요하다.
Il faut partir tout de suite.　곧 떠나야 한다.
De quoi **s'agit-il** ?　　　　무엇이 문제냐?

(2) 전화한 비인칭 동사

avoir, être, faire, courir (퍼지다), pouvoir (~일 것이다), sembler (~인 것 같다), valoir mieux+부정법(~하는 것이 더 낫 다), arriver (일어나다)

Il y a des livres sur la table.　책상 위에 책들이 있다.
Il est dix heures et midi.　　10시 반이다.
Il fait beau.　　　　　　　　날씨가 좋다.
Il court des bruits.　　　　소문이 퍼지고 있다.
Il est honteux **de mentir**.　거짓말 하는 것은 부끄러운 일이다.
Il peut être midi.　　　　　정오일 것이다.
Il semble qu'il **soit** brave.　그는 용감한 것 같이 보인다.
Il lui **est arrivé** une aventure.　그에게 사건이 발생했다.
Il vaut mieux travailler.　　일하는 편이 더 낫다.

G. <u>De quelle couleur est-il?</u> 무슨 색입니까?

L'arbre, de quelle couleur est-il? 나무는 무슨 색입니까?
Il est vert.　　　　　　　　　나무는 녹색이다.

3. 어휘 (Vocabulaire)

...de ...en　　　　　　　～에서～로
De quelle couleur est-il?　그것은 무슨 색입니까?
Est-ce que tu n'aimes pas les fleurs?
Si, Monsieur. 너는 꽃들을 좋아하지 않니? 아니요, 좋아합니다.

연습문제 (Exercices)

A. 보기와 같이 밑줄 친 동사를 변화시키고 (　)에 합당한 명사를 쓰시오.

> Je <u>marcher</u> avec (　). → Je marche avec (mes jambes).

(1) Nous <u>écouter</u> avec (　).
(2) Elle <u>regarder</u> avec (　).
(3) Les oiseaux <u>voler</u> avec (　).
(4) Tu <u>parler</u> avec (　).

B. 다음 문장을 복수로 고치시오.

(1) Je ferme la porte. _____
(2) Tu aimes tes enfants. _____
(3) Le professeur donne un livre au garçon. _____
(4) Elle porte un chapeau gris. _____

C. 다음 문장을 두 가지 방법으로 의문문을 만드시오.

(1) L'arbre porte des fruits.

LEÇON HUIT: Le printemps

(2) Le crayon est léger.

(3) Les parents de Marie sont jeunes.

(4) Votre règle n'est pas courte.

D. Oui, Non, Si를 골라 쓰고 형용사를 일치시키시오.

(1) La neige est-elle blanc? ＿＿, elle est (　　).

(2) La règle n'est-elle pas long? ＿＿, elle est (　　).

(3) Est-ce que votre mère n'est pas vieux?
＿＿＿, elle n'est pas (　　).

회화 (Conversation)

Pro.　: Où demeure la famille Dupont?

Marie : Elle demeure dans une maison juste à côté de chez nous, une maison à peu près pareille à notre maison.

Pro.　: Sa maison n'est-elle pas blanche?

Marie : Si, Monsieur. Elle est blanche.

Pro.　: Et ta maison, de quelle couleur est-elle?

Marie : Elle est grise.

Pro.　: Qu'y a-t-il dans son salon?

Marie : Il y a une table, un piano et une bibliothèque.

Pro.　: Qui joue du piano dans la famille Dupont?

Marie : Cécile joue du piano.

Pro.　: Quel temps fait-il aujoud'hui?

Marie : Il fait mauvais.

Pro.　: Très bien. merci.

> demeure [dəmœːʀ] demeurer [dəmœʀe] '살다, 거주하다'의 현재변화 3인칭 단수; la famille Dupont 듀뽕씨 가족; juste [ʒyst] 올바른, 정당한, 공평한, (ad.) 정확하게, 바로 꼭; chez [ʃe] ~의 집에, ~의 나라에; à peu près 거의, 대략; pareille [paʀɛj] à ~과 같은, 비슷한, 유사한; une bibliothèque [bibliɔtɛk] 도서관(실), (역의) 서점, 책 꽂이, 서가; qui [ki] 의문대명사로 '누가?';「jouer de + 악기명」 ~을 연주하다;「jouer à + 놀이명」 ~놀이(경 기)를 하다; Quel temps fait-il aujourd'hui? 오늘 날씨가 어떻습니까? Il fait mauvais. 날씨가 좋지 않습니다.

Lecture

  Que fait-il? Il pêche au bord de Seine. Il n'est pas très jeune. Il est gros. Il est toujours assis et ne marche pas souvent.

  Sur la tête il porte un vieux chapeau. Il a des cheveux gris, des yeux bleus, de gros sourcils épais. On ne voit pas son nez. Il n'a pas de mousraches. Il est content parce qu'il a un poisson au bout de sa ligne. Il passe ses vacances à Paris.

LEÇON NEUF

Le départ des Durand

Aujourd'hui, c'est un grand jour pour toute la famille de M. Durand. C'est le jour de leur départ pour la Corée.

Ce matin, M. et Mme Durand sont très occupés. Ils font leurs valises. Paul aide ses parents.

"Qu'est-ce que je mets dans cette valise, maman? demande-t-il.

--Mets ces robes et ces pyjamas de ton père."

Et la petite Marie, que fait-elle? Elle parle avec Suzanne, une de ses amies. Suzanne est là pour souhaiter un bon voyage à son amie.

> toute [tut] 모든, 온갖; le départ [depa:ʀ] 출발; la Corée [kɔʀe] 한국; un matin [matɛ̃] 아침, ce matin 오늘 아침; occupé [ɔkype] 바쁜; valise [vali:z] 손가방, 여행용 가방, faire sa valise(ses valises) 떠날 채비를 하다; aide [ɛd] aider [ɛde] '돕다' 동사의 현재변화 3인칭 단수; demande [dəmɑ̃d] demander '청원하다, 요구하다, 묻다' 동사의 현재변화 3인칭 단수; mets [me] mettre [mɛtʀ] '놓다, 넣다, 옮기다' 동사의 현재변화 1인칭 단수; cette [sɛt] ce '이, 저, 그'의 여성형; ces [se] 지시형용사 ce의 복수형; une robe [ʀɔb] 드레스; un pyjama [piʒma] 잠옷; la petite Marie 사람 이름 앞에 형용사가 있을 때 정관사를 쓸 수 있다. de [də] 중에서; 「pour + inf.」 ~하기 위하여; souhaiter [swɛte] 빌다, 기원하다; un voyage [vwaja:ʒ] 여행, 여정; bon voyage 즐거운 여행, Bon voyage! 즐거운 여행 하세요!

"Cet après-midi, nous partons en avion pour la Corée.

---As-tu de beaux amis en Corée?

---Non, mais papa a un ami coréen.

---Qui est cet ami de ton père? Et que fait-il?

---C'est M. Kim, un journaliste coréen. Il parle très bien le français. Ils sont amis depuis quinze ans.

---Es-tu contente de faire ce voyage?

---Oh oui, très contente.

A ce moment, Monsieur Durand demande :

"Qui a les billets d'avion?

---Ils sont dans mon sac à main," répond Madame Durand.

---

un après-midi (복수불변)오후, cet après-midi 오늘 오후; partons [paʀtɔ̃] partir [paʀti:ʀ] '출발하다, 떠나다'의 현재변화 1인칭 복수; de [də] 부정관사 복수 des 가 복수 형용사 beaux 앞에서 'de'로 변한 것; en Corée 한국에; coréen [kɔʀeɛ̃] '한국의', 여성형은 coréenne; cet [se] 지시형용사 ce가 남성명사의 첫 자가 모음이거나 무성 'h' 앞에서 cet로 쓰인다; un journaliste [ʒuʀnalist] 신문, 잡지 기자; le français 프랑스어; depuis [dəpɥi] (모음 앞에서 [z]음으로 연독함) 이래로, 전부터, ~부터; content(e) 만족한; faire un voyage 여행을 하다; 「être content de + qch, inf.」 ~에 만족하다, ~하는 것이 기쁘다; à ce moment 그 때에; un billet [bijɛ] 쪽지, 표, 티켓; (en) avion [avjɔ̃] (n.m.) 비행기(로); un sac [sak] 부대, 자루, 주머니, sac à main 핸드백; répond [ʀepɔ̃] répondre '대답하다' 동사의 현재변화 3인칭 단수.

1. 발음 (Prononciation)

OM, ON [ɔ̃] : co**m**bien, n**om**, garç**on**, mais**on**

UM, UN [œ̃] : parf**um**, h**um**ble, br**un**, l**un**di

2. 문법 (Grammaire)

A. 지시형용사 (Adjectif démonstratif)

수 \ 성	남 성	여 성
단 수	ce (cet)	cette
복 수	ces	

지시형용사 '이, 그, 저'의 의미로 명사 앞에 쓰이며, 명사의 첫 자가 모음이거나 무성 'h'일 때에는 'cet'를 쓴다.

Ce crayon est long.   → **Ces** crayons sont longs.
Cet homme est grand.   → **Ces** hommes sont grands.
Cette maison est petite. → **Ces** maisons sont petites.

B. 부정형용사 Tout (모든, 많은, 각각)의 변화

수 \ 성	남 성	여 성
단 수	tout	toute
복 수	tous	toutes

Tout le pays   전국   **Tous** les jours   매일
Toute la famille 온 가족 **Toutes** les nuits 매일 밤

C. '국명, ~의 사람, ~국어, ~나라의' 등을 의미하는 단어들

국명		~나라 사람	~나라 언어	~나라의
L'Amérique	미국	Américain(e)	l'américain	américain(e)

L'Angleterre	영국	Anglais(e)	l'anglais	anglais(e)
La Chine	중국	Chinois(e)	le chinois	chinois(e)
La Corée	한국	Coréen(ne)	le coréen	coréen(ne)
La France	프랑스	Français	le français	français(e)

D. 복수 형용사 앞에서 부정관사 복수 'des'는 'de'로 변한다.

<u>des</u> beaux amis → <u>de</u> beaux amis 좋은 친구들
<u>des</u> grandes espérances → <u>de</u> grandes espérances 큰 희망들

E. 신분, 직업, 국적 등을 의미하는 단어가 속사로 쓰이면 관사를 생략한다.

Son père est **avocat, professeur et Coréen**.
그의 아버지는 변호사이며 교수이고 한국인이다.

F. 사람 이름이 형용사에 의해 수식되어 있을 때 정관사를 쓴다.

<u>Le grand</u> Corneille 위대한 꼬르네이으
<u>La petite</u> Marie 작은 마리

G. 교통수단을 나타내는 전치사들

<u>en</u> bateau 배를 타고   <u>à (en)</u> bicyclette 자전거를 타고
<u>en</u> auto 자동차를 타고   <u>par (en)</u> avion 비행기를 타고

H. 불규칙 변화하는 3군동사들

	aller	faire	mettre	partir	répondre	venir
	(가다)	(하다)	(놓다, 만들다)	(출발하다)	(대답하다)	(오다)
je	vais	fais	mets	pars	réponds	viens
tu	vas	fias	mets	pars	réponds	viens
il	va	fait	met	part	répond	vient

elle	va	fait	met	part	répond		vient
nous	allons	f**ai**sons	mettons	partons	répondons		venons
vous	allez	faites	mettez	partez	répondez		venez
ils	vont	font	mettent	partent	répondent		viennent
elles	vont	font	mettent	partent	répondent		viennent
과거분사	allé	fait	mis	parti	répondu		venu

주의 ① faire의 현재변화 1인칭 복수 어간 'ai'는 [ə]로 발음하여 nous f**ai**sons [fəzɔ̃]으로 발음한다.
　　② mettre와 같이 변화하는 동사들.
　　　permettre 허락하다 (p.p. permis)
　　　promettre 약속하다 (p.p. promis)
　　③ partir와 같이 변화하는 동사.
　　　sentir 느끼다. 지각하다 (p.p. senti)
　　　sortir 밖으로 나가다 (p.p. sorti)
　　④ répondre와 같이 변화하는 동사들.
　　　attendre 기다리다 (p.p. attendu)
　　　entendre 듣다 (p.p. entendu)
　　　descendre 내려가다, 내리다 (p.p. descendu)
　　⑤ venir와 같이 변화하는 동사들.
　　　revenir 되돌아오다 (p.p. revenu)
　　　souvenir 마음에 떠오르다, 회상하다 (p.p. souvenu)
　　　tenir 가지다, 잡다 (p.p. tenu)

I. 동사와 함께 쓰이는 전치사들

jouer au football	축구놀이를 하다
jouer du piano	피아노를 치다.
parler de + qch	~에 관한 이야기를 하다.
être content de + qch(혹은 동사)	~(하는 것)을 만족하다.
partir pour+목적지	~로 떠나다
partir en avion	비행기로 떠나다.

J. 시간과 함께 쓰이는 지시형용사

ce matin 오늘 아침   **cet** après-midi 오늘 오후
ce soir 오늘 저녁   **cette** nuit 오늘 밤

3. 어휘 (Vocabulaire)

le départ	출발 (partir '출발하다'의 명사형)
faire sa valise(ses valises)	떠날 채비를 하다
Bon voyaage!	즐거운 여행 하세요!
un après-midi	오후
cet après-midi	오늘 오후
faire un voyage	여행을 하다
être content de + qch, inf.	~에 (하기를) 만족하다
à ce moment	그 때에
sac à main	핸드백

연습문제 (Exercices)

A. ( )에 지시형용사를 쓰고 밑줄 친 형용사를 일치시키시오.
  (1) (   ) enfant aime les roses <u>blanc</u>.
  (2) (   ) pommes sont <u>doux</u>.
  (3) (   ) dame a des cheveux <u>gris</u>.
  (4) En (   ) saison, les fruits ne sont pas <u>mûri</u>.

LEÇON NEUF: Le départ des Durand

B. tout를 알맞게 변화시키시오.

　　(1) (　　) les nuits　　(2) (　　) les hommes
　　(3) (　　) la classe　　(4) (　　) les femmes

C. 다음 문장들을 복수로 고치시오.

　　(1) Que fait ce garçon?
　　(2) Elle regarde un vieil arbre.
　　(3) Il parle de son ami anglais.
　　(4) Elle met une petite fleur dans la vase.
　　(5) Elle part en avion avec ses amies.

D. 밑줄 친 단어에 해당하는 묻는 말을 써서 의문문을 만드시오.

　　Je regarde un arbre. Que regardez-vous?

　　(1) Il y a des roses dnas le jardin.
　　(2) Elle a dix crayons.
　　(3) Il habite à Paris.
　　(4) Il fait chaud en été.

E. (　　)에 알맞은 전치사를 쓰시오.

　　(1) Ils habitent (　　) France.
　　(2) Il fait doux (　　) printemps.
　　(3) Elle joue (　　) violon.
　　(4) J'ai ma chambre (　　) premier étage.
　　(5) Nous sommes contents (　　) notre maison.

회화 (Conversation)

On sonne samedi après-midi. C'est ma tante qui habite aux États-Unis. Elle arrive de l'Amérique ce matin.

Elle est un peu vieille. Mais elle est encore jolie. Elle vient en Corée pour voir notre famille. Elle entre.

A : Bonjour, chère Madame, comment allez-vous?
B : Très bien, je vous remercie.
A : Prenez la peine de vous asseoir.
B : Je suis bien contente de vous voir.
A : Voulez-vous prendre un peu de café? Aimez-vous le café fort ou bien léger?
B : Pas trop fort, je vous prie.
A : Eh bien, Madame Gauthier, comment vont les affaires?
B : Pas mal, pas mal du tout.

제9과

on [ɔ̃] 부정대명사로 si, ou, que, et 등 뒤에서 종종 l'on으로 쓰이며, 주어로 '사람은(이)' 의미이다; sonne [sɔn] sonner [sɔne] '(종이) 울리다, 소리나다'의 현재변화 3인칭 단수; samedi après-midi 토요일 오후; qui [ki] 관계대명사로 선행사가 사람과 사물로 '주격'이다; arrive [aʀiv] arriver [aʀive] '도착하다'의 현재변화 3인칭 단수; un peu [œ̃ pø] 약간, 조금; encore [ɑ̃kɔ:ʀ] 아직, 여전히, 지금도; vient [vjɛ̃] venir [vəni:ʀ] '오다' 동사의 현재변화 3인칭 단수; voir [vwa:ʀ] 보다; pour voir 보려고; entre [ɑ̃tʀ] entrer [ɑ̃tʀe] '들어오다' 동사의 현재변화 3인칭 단수; chère [ʃɛ:ʀ] cher [ʃɛ:ʀ]의 여성형 '사랑하는, 친애하는'; vous [vu] 간접보어 2인칭 인칭대명사로 '당신에게'; remercie [ʀəmɛʀsi] remercier [ʀəmɛʀsje] '(에게) 감사하다'의 현재변화 1인칭 단수; Prenez la peine de vous asseoir. 앉으십시오; voulez [vule] vouloir [vulwa:ʀ] '바라다, 원하다'의 현재변화 2인칭 복수; café fort ou bien léger? 커피를 진하게 할까요 약하게 할까요?; Je vous prie. 영어의 Please; Comment vont les affaires? 사업이 잘 됩니까?; pas mal [pɑ mɑl] 나쁘지 않다. du tout [dy tu] 전혀 아니다.

Lecture

Devant ma fenêtre, il y a un arbre très haut et très vieux. C'est mon ami ; je le regarde souvent. L'été, ses larges feuilles donnent une ombre agréable. En automne, quand elles deviennent jaunes, rouges et brunes, mon arbre est beau comme un gros bijou.

Hélas, le vent souffle ; je vais à la fenêtre : mon arbre n'est pas heureux, ses belles feuilles dorées tombent l'une après l'autre. Puis un matin, quand je me réveille, je vois seulement des branches tristes et noirs contre le ciel gris. Je rentre dans mon lit : il fait froid. Il faut attendre de longs mois avant de revoir les premières petites feuilles vertes ; elles annonceront, pour moi, le printemps.

LEÇON DIX

L'arrivée des Durand à Séoul

Dans l'avion, les Durand finissent leur repas, et ils parlent de leur future vie en Corée. Tout à coup, Monsiseur Durand demande à une hôtesse de l'air :

"Mademoiselle, on arrive bientôt à Séoul?

--Oui, Monsieur. Dans dix minutes.

L'avion descend lentement, et il atterrit. Les Durand descendent avec les autres passagers. C'est la fin d'un long voyage.

A l'aéroport, il fait chaud, Marie dit :

"J'ai soif, maman. Quelle heure est-il?

---

une arrivée [aʀive] 도착; 「Les+사람이름」은 '~의 가족' 의미함, les Durand 듀랑씨 가족; finissent [finis] finir '끝내다'의 현재변화 3인칭 복수; un repas [ʀəpa] 식사; futur(e) [fyty:ʀ] (a.) 미래의, (n.m.) 미래, 장래; une vie [vi] 생명, 일생, 생활; tout à coup=soudain 별안간, 갑자기; hôtesse de l'air [otɛs də lɛ:ʀ] 여객기의 스튜어디스; arrive [aʀi:v] arriver [aʀive] '도착하다'의 현재변화 3인칭 단수; bientôt [bjɛto] 오래지 않아, 곧; dans dix minutes [dã di minyt] 십분 후에; descend [desã] descendre [desãdʀ] '내려가다, 내리다'의 현재변화 3인칭 단수, lentement [lãtmã] 느리게, 천천히; atterrit [ateʀi] atterrir [ateʀiʀ] '육지에 닿다, 착륙하다'의 현재변화 3인칭 단수; autre [otʀ] 다른, 딴, 별개의; passager [pɑsaʒe] (n.) 통행 인, 승객; une fin [fɛ̃] 끝; un aéroport [aeʀɔpɔːʀ] 공항; dit [di] dire [diːʀ] '말하다, 이야기하다'의 현재변화 3인칭 단수; une soif [swaf] 갈증, 목마름, avoir soif 목이 마르다; Quelle heure est-il? 몇 시 입니까?

--Il est midi à ma montre. Mais c'est l'heure de Paris. Quelle heure est-il?, demande-t-elle à son mari.

--Il est midi à ma montre aussi. Mais il est huit heures du soir à Séoul. Regardez cette horloge de l'aéroport."

Les Durand mettent leurs montres à l'heure de Séoul.

Dans le hall, Monsieur Durand rencontre son ami, Monsieur Kim.

Depuis une demi-heure, il est là pour attendre la famille française. Tous les cinq montent dans la voiture de Monsieur Kim, et ils partent pour le centre de la ville.

Ils arrivent à l'Hôtel Namsan à neuf heures et quart. Monsieur Kim souhaite une bonne nuit à tout le monde et il part.

un midi [midi] 정오, 남쪽; une montre [mɔ̃tʀ] 손목시계; mari [maʀi] 남편; une heure [œːʀ] 시간; une soir [swaːʀ] 저녁; regaardez [ʀəgaʀde] regarder '보다'의 현재변화 2인칭 복수 명령형; une horloge [ɔʀlɔːʒ] 괘종시계; mettent leurs montres à ~에 시계를 맞추다; rencontre [ʀɑ̃kɔ̃tʀ] rencontrer [ʀɑ̃kɔ̃tʀe] '만나다'의 현재변화 3인칭 단수; une demi-heure [yn dəmi œːʀ] 반시간, 30분; là [la] 거기서(에), 여기서(에); attendre [atɑ̃dʀ] 기다리다; tous les cinq 다섯이다; montent [mɔ̃t] monter '오르다, 올라가다'의 현재변화 3인칭 복수; une voiture [vwatyːʀ] 자동차; partir pour ~을 향해(~로) 출발하다; un centre [sɑ̃tʀ] 중심, 중앙; une ville [vil] 도시; neuf heures et quart 9시 15분; souhaiter [swɛte] une bonne nuit '잘 자'라고 말하다; tout le monde [tu lə mɔ̃d] 모든 사람들.

1. 발음 (Prononciation)

d, f, s, x 자음들은 연독을 할 때 다음과 같이 음이 변한다.

D	→	[t] :	quand il est	un grand homme
F	→	[v] :	neuf heures	neuf ans
S	→	[z] :	des oreilles	dans une maison
X	→	[z] :	les deux yeux	six heures

2. 문법 (Grammaire)

A. 불규칙 변화하는 3군동사들

제10과

attendre (기다리다)　　　　　　descendre (내리다)

j'	attends	nous attendons		je	descends	nous descendons
tu	attends	vous attendez		tu	decends	vous descendez
il	attend	ils attendent		il	descend	ils descendent
elle	attend	elles attendent		elle	descend	elles descendent

과거분사 attendu　　　　　　　　descendu

* attendre와 descendre 같이 변화하는 동사들
défendre 지키다 (p.p. défendu), perdre 잃다 (p.p. perdu),
répondre 답하다 (p.p. répondu), vendre 팔다 (p.p. vendu)

B. 3군 동사 mettre (놓다, 쓰다, 만들다)와 같이 변하는 동사들

je	mets	nous mettons		과거분사 : mis
tu	mets	vous mettez		
il	met	ils mettent		
elle	met	elles mettent		

battre (때리다, p.p. battu), permettre (허가하다, p.p. permis),
promettre (약속하다, p.p. promis)

LEÇON DIX: L'arrivée des Durand à Séoul | 79

D. 3군동사 dire (말하다)의 현재변화

je	dis	nous	disons	과거분사 : dit
tu	dis	vous	**dites**	
il	dit	ils	disent	
elle	dit	elles	disent	

> 주의 2인칭 복수의 어미를 주의하시오.

E. 특수한 여성형을 취하는 명사들

un hôte	(손님에 대한) 주인	une hôte**sse**	여주인
un loup	늑대, 이리	une louve	늑대의 암컷
un maître	(소유에 관한) 주인	une maître**sse**	여주인
un neveu	조카, 생질	une nièce	조카딸, 질녀
un prince	왕자	une prince**sse**	공주
un chanteur	가수	une chant**euse**	여가수
un voleur	도둑	une vol**euse**	여자 도둑
un acteur	배우	une act**rice**	여배우
un ambassadeur	대사	une ambassad**rice**	여자대사

F. 고유명사의 성 II

(1) 도시명의 성 : 어미가 'e'인 것은 여성이고 그 외는 남성이다.

  Séou<u>l</u> est **beau**. 서울은 아름답다.
  Seoul의 끝 자가 자음이므로 남성이다.
  Rom<u>e</u> est **belle**. 로마는 아름답다.
  Rome의 끝 자가 'e'이므로 여성이다.
  La ville de New York est grand<u>e</u>. 뉴욕시는 크다.
  la ville이 주어이므로 grand이 여성형이다.

(2) 山名의 성 : 산명은 단수로는 남성, 복수로는 여성이다. 여성일 때 '~산맥'이라는 의미이다.

le Mont-blanc 몽불랑 산   **les** Alpes 알프스 산맥
le Parnasse 빠르나스 산   **les** Pyrénées 뻬레네 산맥

(3) 江名의 성

어미가 무음 'e'인 것은 대부분 여성이고, 나머지는 남성이다.

   남성   여성
  le Ni**l** 나일 강 **la** Loir**e** 루아르 강
  le Rhi**n** 라인 강 **la** Sein**e** 쎈느 강

G. 형용사를 부사로 만드는 법

첫째, 형용사의 어미를 여성형으로 변화시킨다.
둘째, 여성형의 어미에 'ment'를 붙인다.

형용사	여성형	부사	
lent	→ lent**e**	→ lent**ement**	느리게
heureux	→ heureu**se**	→ heureu**sement**	행복하게
long	→ long**ue**	→ long**uement**	길게
doux	→ dou**ce**	→ dou**cement**	부드럽게

H. 시간 : Quelle heure est-il?

12시 (자정) : Il est midi (minuit).
1시   : Il est une heure.
2시 반   : Il est deux heures et demi**e**.
5시 15분 : Il est cinq heures et quart.
12시(자정) 반 : Il est midi (minuit) et demi.
6시 15분 전 : Il est six heures moins le quart.
8시 20분 전 : Il est huit heures moins vingt.
10시 10분 전 : Il est dix heures moins dix.

주의 ① demi (반)는 heure 뒤에서 여성변화 하여 'demie'로 된다.
② demi (반)와 quart (15분)는 heure 뒤에 접속사 'et'와 함께 쓰인다.
③ '~분 전'을 말할 때는 'moins'을 쓴다.

I. 「tous (toutes) + (무)관사 + 수명사」

   tous (les) trois 셋 다   **toutes les cinq** 다섯이 다

3. 어휘 (Vocabulaire)

les Durand	듀랑씨 가족
tout à coup = soudain	별안간, 갑자기
l'hôtesse de l'air	여객기 스튜어디스
dans dix minutes	십분 후에
avoir faim (soif, chaud, froid)	배가 고프(목마르, 덥, 춥)다.
Quelle heure est-il?	몇 시입니까?
midi	정오, 남쪽
Il est dix heures (moins cinq minutes).	열시 (십분 전)입니다.
mettre la montre à	~에 시계를 맞추다
une demi-heure	반시간
tous les cinq	다섯이 다
partir pour	~을 향해(~로) 출발하다
Bonne nuit!	안녕히 주무세요!
tout le monde	모든 사람들

연습문제 (Exercices)

A. ( ) 안의 동사를 현재변화 시키시오.

   (1) Elle (finir) son repas.
   (2) Que (dire)-vous?
   (3) Les avions (descendre) lentement.
   (4) Nous (faire) nos devoirs.
   (5) Nous (attendre) Monsieur Durand.
   (6) Elle (mettre) son manteau.
   (7) Ils (obéir) à leurs parents.

B. 다음 명사의 여성형을 쓰시오.

   (1) un prince → _____   (2) un chanteur → _____
   (3) un maître → _____   (4) un acteur → _____

C. 다음 단어들을 부사로 고치시오.

   (1) long → _____   (2) heureux → _____
   (3) lent → _____   (4) doux → _____

D. 다음 문제에 답하시오.

   (1) 12시 반 :   (2) 11시 반 :
   (3) 6시 15분 :   (4) 자정 :
   (5) 8시 15분 전 :   (6) 10시 45분 :

E. 우리말을 프랑스어로 쓰시오.

   (1) Il descend (비행기에서).
   (2) Ils arrivent (공항에).
   (3) Ils partent (프랑스로).
   (4) Nous parlons (우리의 여행에 대해서).
   (5) Ils sont contents (그들의 집을).

회화 (Conversation)

Kim : Bonjour, mes chers amis, vous arrivez juste à point, le dîner est prêt : nous allons tout de suite passer à table dans la salle à manger.
Monsieur Durand, voulez-vous vous mettre ici, à gauche, et vous, Madame, là, à droite? Y a-t-il longtemps que vous êtes à Séoul?
Durand : Non, quelques jours seulement.
Kim : C'est la première fois que vous venez à Séoul?
Durand : Pour ma femme, c'est la première fois, mais moi, je viens plusieurs fois.
Kim : Et vous, chère Madame, que pensez-vous de la grande ville de Séoul?
Mme : Monsieur, je vous demande pardon, je ne connais pas encore la ville de Séoul.

juste à point [ʒystapwɛ̃] 바로 제때에 알맞게, 때마침; un dîner [dine] 저녁식사; prêt (à+동사, pour+명사) 준비된; passer [pɑse] 지나가다, 이동하다; aller passer 근접미래로 '곧 이동하려고 한다'; tout de suite 곧, 당장에; la salle à manger [mɑ̃ʒe] 식당; vous mettre는 대명동사 se mettre '앉다'의 부정법 2인칭 복수; à gauche [goːʃ] 왼편(쪽)에; à droite [dʀwat] 오른 편(쪽)에; longtemps [lɔ̃tɑ̃] 오래, 오랫동안; quelque [kɛlk] 어느, 어떤, 얼마큼의, 몇몇의; seulement [sœlmɑ̃] 오직, ~뿐, 다만, ~만; une fois [fwa] 번, 회; moi [mwa] '나' 인칭대명사 강세형 1인칭 단수; viens [vjɛ̃] venir '오다'의 현재변화 1인칭 단수; plusieurs [plyzjœːʀ] 몇몇의, 약간의; cher (ère) 사랑하는, 정다운; pensez [pɑse] penser '생각하다'의 현재변화 2인칭 복수; pardon [paʀdɔ̃] 용서; connais [kɔne] connaître [kɔnɛːtʀ] '알다, 정통하다, 경험하다'의 현재변화 1인칭 단수

Lecture

Tu as un chien et des oiseaux. Ton chien est beau. Sa tête est fine, ses poils sont bruns et ses grands yeux noirs sont intelligents. Il court dans le jardin et il joue avec son ballon.

J'aime beaucoup tes oiseaux. Leurs plumes sont jaunes, verts et rouges. Leur bec est pointu. Ils ne parlent pas mais ils chantent toute la journée.

LEÇON ONZE

L'appartement des Durand

Les Durand habitent dans leur nouveau logement depuis huit jours. C'est un appartement neuf au bord du fleuve Hann. Aujourd'hui, M. Kim fait une visite à ses amis.

Il prend un autobus et arrive, en quelques minutes, devant une grande maison moderne. Cette maison n'est pas basse, elle est très haute. Il prend l'ascenseur et monte au neuvième étage. Il sonne à la porte.

"C'est vous, Monsieur Kim! Vous venez bien. Comment allez-vous? dit Monsieur Durand. Nous vous attendons. Entrez, s'il vous plaît"

un appartement 아파트; des Durand 듀랑씨 가족의; habitent [abit] habiter '살다'의 현재변화 3인칭 복수; nouveau [nuvo] 새로운(명사 앞에 쓰임); un logement [lɔʒmã] 거처, 주택; depuis [dəpɥi] 이래로, 전부터; huit jours 8일, 1주일; neuf [nœf] 새로운(명사 뒤에만 쓰임); au bord de ~의 가에; un fleuve [flœ:v] 강; 「faire une visite à + 사람」 ~를 방문하다; prend [pRã] prendre [pRãdR] '(손으로)잡다, 빼앗다, 태우다, 타다'의 현재변화 3인칭 단수; un autobus [ɔtɔbys] 버스; en [ã] 걸려서; devant [dəvã] 앞에; moderne [mɔdɛRn] 현대의; basse [bɑs] bas [bɑ] '낮은'의 여성형; haut(e) [o, ɔt] 높은; un ascenseur [asãsœ:R] 승강기; monte [mɔ̃t] monter [mɔ̃te] '오르다, 타다'의 현재변화 3인칭 단수; neuvième étage 십층; sonne [sɔ:n] sonner [sone] '(소리가) 울리다, 초인종을 울리다',

> sonner à la porte 문을 노크하다; une porte [pɔʀt] 문; vezez [vəne] venir [vəniʀ] '오다'의 현재변화 2인칭 복수; vous [vu] '당신을' 직접보어 인칭대명사 2인칭 복수; attendons [atɑ̃dɔ̃] attendre [atɑ̃dʀ] '기다리다'의 현재변화 1인칭 복수; entrez [ɑ̃tʀe] '들어오시오' entrer '들어오다'의 2인칭 복수 명령형; s'il vous plaît 영어의 please 이다.

M. Kim entre dans le salon. C'est une grande pièce très claire. Madame Durand et les deux enfants disent bonjour à Monsieur Kim. Il demande à Madame Durand :

"Etes-vous contente de votre nouvel appartement?

--Mais oui, Monsieur. Je l'aime beaucoup, répond-elle.

Le salon et les chambres à coucher donnent sur le midi et le fleuve. Toute la journée, il fait très clair dans l'appartement, et puis nous voyons une très belle vue d'ici.

--Est-ce qu'il y a un marché dans ce quartier?

--Oui, juste à côté. C'est un grand marché.

Là, je peux acheter toutes sortes de choses."

A ce moment, Marie apporte trois tasses de café pour le visiteur et ses parents, et les met sur la table.

Monsieur Kim dit à cette fille : Tu es vraiment gentille."

entre [ɑ̃tʀ] entrer '들어오다'의 현재변화 3인칭 단수; un salon [salɔ̃] 거실; une pièce [pjɛs] 부분, 방, 서류, 악보; clair(e) [klɛːʀ] 밝은; disent [diz] dire '말하다'의 현재변화 3인칭 복수; content(e) de [kɔ̃tɑ̃, t] ~을 만족하다; répond [ʀepɔ̃] répondre '대답하다'의 현재변화 3인칭 단수, répond-elle 삽입구에서 주어와 동사가 도치된 것; une chambre [ʃɑ̃bʀ] 방; coucher [kuʃe] 누이다. 자다; chambre à coucher 침실; donnent [dɔn] donner [dɔne] '주다'의 현재변화 3인칭 복수; donner sur ~를 향(면)하고 있다; un midi [midi] 정오, 남쪽; toute la journée 하루 종일; belle [bɛl] beau [bo] '아름다운'의 여성형; voyons [vwajɔ̃] voir

LEÇON ONZE: L'appartement des Durand | 87

[vwa:ʀ] '보다'의 현재변화 1인칭 복수; une vue [vy] 시력, 전망, 견해; ici [isi] 여기서, 여기에; un marché [maʀʃe] 시장; un quartier [kaʀtje] 구역; juste à côté 바로 곁에; peux [pø] pouvoir [puvwa:ʀ] '할 수 있다'의 현재변화 1인칭 단수; acheter [aʃəte] 사다; toutes sortes de [tut sɔʀt də] 모든 종류의; une chose(s) [ʃo:z] 일, 것, 물건; à ce moment 그때에; apporte [apɔʀt] apporte '가져오다'의 현재변화 3인칭 단수; une tasse [tɑ:s] 잔; un visiteur [vizitœ:ʀ] 방문객, 손님; les [le] '그것들을' 직접보어 인칭대명사 3인칭 복수; vraiment [vʀemɑ̃] 참말로 (vrai가 여성변화하지 않고 부사가 됨); gentille [ʒɑ̃tij] gentil [ʒɑ̃ti] '귀여운, 친절한'의 여성형 (끝 자음 'l'을 발음하지 않는다).

1. 발음 (Prononciation)

		gea	ge	gi	geo	gy
G의 발음	↗ [ʒ] :	man**gea**	â**ge**	a**gi**r	pi**geo**n	**gy**mnase
	↘ [g] :	ga	gue	gui	go	gu
		garçon	lon**gue**	**gui**tare	**go**mme	ai**gu**
Q의 발음 - [k] :		qua	que	qui	quo	
		quatre	lors**que**	**qui**tter	**quoi**	

2. 문법 (Grammaire)

A. 직접보어 인칭대명사 (Complément d'objet direct)

수＼인칭	1 인칭	2 인칭	3 인칭
단 수	me 나를	te 너를	le 그를 la 그녀를 그것을

복 수	nous 우리를	vous 당신(들)을, 너희들을	les 그(녀)들을, 그것들을

주의 ① 직접보어 인칭대명사는 항상 동사 앞에 놓이며, avoir를 조동사로 하는 복합시제에서는 과거분사가 직접보어 인칭대명사의 성·수에 일치한다.
② 직접보어 인칭대명사 3인칭 le, la, les는 사람 외에 사물에도 쓰여 le와 la는 '그것을', les는 '그것들을' 의미한다.

Paul cherche le livre. → Paul **le** cherche.
Paul cherche la plume. → Paul **la** cherche.
Paul cherche les livres. → Paul **les** cherche.
Paul cherche les plumes. → Paul **les** cherche.

B. 1군동사의 어간이 「e나 é+단자음+어미er」는 e나 é가 1인칭 복수와 2인칭 복수를 제외하고 나머지 인칭에서 'è'로 변한다.

acheter 사다   espérer 기대하다, 바라다
[aʃte]   [espere]
j'achète   nous achetons   j'espère   nous espérons
[aʃɛt]   [aʃtɔ̃]   [espɛ:ʀ]   [espeʀɔ̃]
tu achètes   vous achetez   tu espères   vous espérez
[aʃɛt]   [aʃte]   [espɛ:ʀ]   [espeʀe]
il achète   ils achètent   il espère   ils espèrent
[aʃɛt]   [aʃɛt]   [espɛ:ʀ]   [espɛ:ʀ]
elle achète   elles achètent   elle espère   elles espèrent

acheter와 espérer와 같이 변화하는 동사들.
lever 일으키다, mener 인도하다, promener 산책시키다
céder 양보하다, préférer 좋아하다

C. 1군동사의 어간이 「어간 g+어미 er」인 동사는 현재변화 1인칭 복수에서 어미가 '**-eons**'로 변한다.

```
            manger 먹다
    je    mange      nous  mangeons    * manger와 같이 변하는 동사들
    tu    manges     vous  mangez        nager 수영하다
    il    mange      ils   mangent       partager 나누다
    elle  mange      elles mangent
```

D. 불규칙변화 동사의 현재변화

```
            attendre 기다리다   prendre 잡다   voir 보다   pouvoir 할 수 있다.
    j'(e) attends           prends         vois       peux (puis)
    tu    attends           prends         vois       peux
    il    attend            prend          voit       peut
    nous attendons          prenons        voyons     pouvons
    vous attendez           prenez         voyez      pouvez
    ils  attendent          prennent       voient     peuvent
    과거분사: attendu         pris           vu         pu
```

E. 불규칙하게 여성변화하는 형용사들

(1) gentil(예의바른)의 끝자음 'l'을 발음하지 않으며 여성은 gentille [ʒɑ̃tij]이다.

(2) nouveu(새로운)는 명사 앞에만 쓰이며 beau처럼 여성변화 한다.

```
    남성         남성 2형      여성형
    nouveau     nouvel       nouvelle
```

F. 삽입절에서는 주어와 동사가 도치된다.

    Partons, **dit-il**, nous sommes en retard.
    "출발하자."라고 그는 말했다. "우리는 늦는다."

G. 용도를 의미하는 'à'

une chambre **à** coucher	침실
une machine **à** écrire	타자기
une tasse **à** café	찻잔
une boîte **aux** lettres	편지함

3. 어휘 (Vocabulaire)

faire une visite à + 사람	~를 방문하다
neuvième étage	십층
sonner à la porte	노크하다
être content de	~를 만족하다
la chambre à coucher	침실
donner sur	~을 향(면)하고 있다
toute la journée	하루 종일
toutes sortes de choses	모든 종류의 물건들
au bord du fleuve	강가에
juste à côté	바로 곁에
toutes sortes de	모든 종류의

연습문제 (Exercices)

A. 밑줄 친 동사의 현재변화형을 쓰시오.

   (1) Tu répondre à ma question.

   (2) Ils aller à l'hôpital.

   (3) Vous faire votre repas.

   (4) Nous prendre l'autobus.

   (5) Ils venir de l'école.

   (6) Vous finir votre travail.

   (7) Elles pouvoir acheter un billet d'entrée.

B. 밑줄 친 명사를 직접보어 인칭대명사로 바꾸어 문장을 쓰시오.

   (1) Je donne le livre à Jean.

   (2) Pierre ne fait pas ses devoirs.

   (3) J'attends Marie et Paul.

   (4) Elle ne met pas son chapeau.

   (5) Ils regardent l'horloge.

   (6) J'aime l'automne.

C. 밑줄 친 형용사를 명사와 일치시키시오.

   (1) une nouveau machine

   (2) des habits neuf

   (3) des chaises bas

   (4) des livres épais

   (5) une fille craintif

   (6) des nouveau films

   (7) une femme cruel

   (8) un beau visiteurs

회화 (Conversation)

A : A quelle heure vous levez-vous, d'habitude?
B : Vers sept heures et demie.
A : Et pourquoi donc si tôt?
B : Parce que j'ai à prendre le trian pour Paris.
A : A quelle heure arrivez-vous au bureau?
B : Généralement à neuf heures environ.
A : Passez-vous toute la journée au bureau?
B : Tantôt oui, et tantôt non.
A : A quoi passez-vous habituellement vos soirées?
B : D'ordinaire nous restons à la maison. Une ou deux fois par semaine nous allons au théâtre ou au cinéma.
A : A propos, avez-vous quelque projet pour ce soir?
　　Sinon, je vous emmène au café de Kangnam.
B : Merci beaucoup, Monsieur.

제11과

vous levez-vous [vu ləve vu] se lever '일어나다' 대명동사의 현재변화 2인칭 복수 의문형; d'habitude [dabityd] 보통; vers [vɛːʀ] ~으로, 쪽으로, (시)경; pourquoi [puʀkwa] 왜; donc [dɔ̃, dɔ̃k] 그러므로, 따라서, 도대체; tôt [to] 일찍이, 속히, 빨리; parce que [paʀsk] 왜냐하면~ 이기 때문에, 「avoir à + inf.」 ~해야 하다; un train [tʀɛ̃] 기차, le trian pour Paris 파리 행 기차; un bureau [byʀo] 사무실; généralement [ʒeneʀalmɑ̃] 보통; environ [ɑ̃viʀɔ̃] 약; passez [pase] passer '지나가다, 건너가다, (시간을) 보내다'의 현재변화 2인칭 복수; toute la journée 하루 종일; une ville [vil] 도시 (ville 앞에는 전치사 en을 쓴다); tantôt [tɑ̃to] 오후에, 금방, 혹은, 때로는; quoi [kwa] 사물을 가리키며 원칙적으로 「전치사 +quoi」 형식으로 쓴다; habituellement [abityɛlmɑ̃] 평소에, 보통; une soirée [swaʀe] 저녁, 밤; d'ordinaire [dɔʀdinɛːʀ] =généralement 보통, 일반적으로; restons [ʀɛtɔ̃] rester '머물다'의 현재변화 1인칭 복수; une semaine [səmɛːn] 일 주일, par semaine 일주일에; un théâtre [teɑːtʀ] 극장; un cinéma [sinema] 영화, 영화관; à propos [a pʀɔpo] 그런데; quelque [kɛlk] 어느, 어떤; un projet [pʀɔʒɛ] 계획; ce soir [sə swaːʀ] 오늘 저녁(밤); vous [vu] '당신을' 직접보어 인칭대명사

LEÇON ONZE: L'appartement des Durand | 93

2인칭 복수; emmène [ɑ̃mɛn] emmener [ɑ̃məne] '데리고 가다'의 현재변화 1인칭 단수.

Lecture

Un étudiant arrive un jour dans un hôtel ; "Quel est le prix de vos chambres? demande-t-il au gérant.

--Cent vingt francs au premier étage, cent au second, quatre-vingts au troisième, et cinquante francs au quatrième.

--Merci, Monsieur, et excusez-moi de vous avoir dérangé inutilement. Mais votre hôtel n'est pas assez haut pour moi."

LEÇON DOUZE

Les Durand chez Monsieur Kim

Ce soir, les Durand sortent en voiture pour faire leur première visite à Monsieur Kim. De leur appartement à la maison de M. Kim, il y a à peine deux kilomètres. Ce n'est pas loin.

Devant la maison, la famille Kim les accueille en agitant la main. Monsiur Durand arrête la voiture, et Monsieur Kim les conduit en disant : "par ici, mes amis." Dans le salon, la table du dîner est déjà prête. Il y a une dizaine de plats coréens. M. Kim leur a presenté les membres de sa famille.

"Voici ma femme. Et voici mon fils Sounam, et voilà ma fille Sangmi...
--Enchanté de faire votre connaissance, Monsieur, dit soudain Sounam.

chez [ʃe]~의 집에; sortent [sɔʀt] sortir [sɔʀtiʀ] '밖으로 나가다'의 현재변화 3인칭 복수; une voiture [vwaty:ʀ] 자동차, en voiture 승용차로; pour+inf. ~하려고(하기 위하여); faire une visite à ~을 방문하다; première [pʀəmjɛ:ʀ] 첫째의, premier의 여성; de...à ~에서 ~까지; à peine ~하자마자, 겨우, 기껏해서; accueille [akœij] accueillir '맞아들이다, 접대하다'의 현재변화 3인칭 단수; agitant [aʒitɑ̃] agiter '흔들다'의 현재분사; en agitant '흔들면서'란 의미의 gérondif, arrête [aʀɛt] arrêter '(차를)세우다, 멈추다'의 현재변화 3인칭 단수;

> les [le] Durand씨 가족을 의미하는 직접보어 인칭대명사; conduit [kɔ̃dɥi] conduire '인도하다, 안내하다'의 현재변화 3인칭 단수; en disant 말하면서; par ici 이쪽으로 오세요;「dizaine de+복수명사」약 ~십 여~; un plat [pla] 접시; a présenté présenter '소개하다'의 복합과거(영어의 현재완료); Enchanté de faire votre connaissance. 처음 뵙겠습니다; soudain [sudɛ̃] 갑자기, 돌연

--Oh, mais il parle bien le français, votre fils!

--Oui, il le parle un peu. Il l'apprend à l'école depuis quelques mois. Et puis, je lui ai donné des leçons de temps en temps.

Sounam, veux-tu m'apporter ton texte de français?

Sounam l'a apporté tout de suite. M. Kim lui montre quelques passages, et Sounam les lit à haute voix.

Et ils ont commencé à manger et à boire. Au cours du dîner, Sounam a parlé beaucoup avec ses nouveaux amis français, Paul et Marie. Après le repas, Marie a joué du piano et a chanté une belle chanson coréenne.

> mais [mɛ] 그러나; parle [paʀl] parler '말하다'의 현재변화 3인칭 단수; le français 프랑스어; votre [vɔtʀ] 소유형용사 2인칭 복수; un fils [fis] 아들; un peu 조금, 약간; apprend [apʀɑ̃] apprendre '배우다'의 현재변화 3인칭 단수; une école 학교; depuis ~이래로, ~(전)부터; un mois [mwa] 달; et puis [pɥi] 그리고, 그 뒤에; lui '그에게' 간접보어 인칭대명사 3인칭 단수; ai donné [e dɔne] donner '주다'의 복합과거 1인칭 단수; donner les leçons 학과를 가르치다; de temps en temps [dətɑ̃zɑ̃tɑ̃] 때때로; veux [vø] vouloir '원 하다'의 현재변화 2인 칭 단수,「vouloir+inf.」로 쓴다; apporter [apɔʀte]가져 오다; ton [tɔ̃] '너의' 소유 형용사 2인칭 단수; un texte [tɛkst] 원문, 교재; l' le texte를 의미하는 직접보어 인칭대명사; a apporté apporter의 복합과거 3인칭 단수; tout de suite 곧; lui Sounam을 의미하는 간접보어 인칭대명사; montre [mɔ̃tʀ] montrer '보이다, 가 리키다'의 현재변화 3인칭 단수; quelque 어느, 어떤; un passage [pasaːʒ] 통행, 통로, 구절; les passages를 의미하는 직접보어 인칭대명사; lit [li] lire '읽다'의 현재변화 3인칭 단수; à haute voix 큰 소리로, 반대말은 à voix basse 낮은 소리 로; ont commencé commencer '시작하다'의 복합과거 3인칭 복수; manger [mɑ̃

ʒe] 먹다; boire [bwaʀ] 마시다; 「commencer+à+inf.」하기 시작하다; au cours de ~중에; a parlé parler '말하다'의 복합과거 3인칭 단수; beaucoup [boku] 많이; avec [avek]~와 함께; nouveua(x) 새(로운); un ami [ami] 친구; après [apʀe] ~후에; un repas [ʀəpɑ] 식사; a joué jouer (de) '연주하다'의 복합과거 3인칭 단수; a chanté chanter '노래하다'의 복합과거 3인칭 단수; belle [bɛl] beau '아름다운'의 여성형; coréenne coréen '한국의'의 여성형.

1. 발음 (Prononciation)

C의 발음
- [k] : ca co cu - **ca**r **C**orée **Cu**rie
- [s] : ce ci cy - **ce**ci **ci**el **cy**cle
- [s] : ça ço çu - **ça** gar**ç**on re**ç**u

2. 문법 (Grammaire)

A. 간접보어 인칭대명사 (Complément d'objet indirect)

수 \ 인칭	1 인칭	2 인칭	3 인칭
단 수	me 나에게	te 너에게	lui 그(녀)에게
복 수	nous 우리들에게	vous 당신(들), (너희들)에게	leur 그(녀)들에게

주의 간접목적보어 인칭대명사는 반드시 동사 앞에 놓인다.

Marie **me** parle. Maie **te** parle.
Maie **nous** parle. Marie **vous** parle.
Paul parle à son père. → Paul **lui** parle.
Paul parle à sa mère.   → Paul **lui** parle.
Paul parle à ses parents. → Paul **leur** parle.

LEÇON DOUZE: Les Durand chez Monsieur Kim

B. 현재분사

(1) 형태 - 현재분사는 동사의 직설법 1인칭 복수의 어미 '-ons'를 땐 어간에 '-ant'를 붙인 것이다. 단 avoir, être, savoir 등은 예외이다.

	부정법	현재분사
1군 동사	parler	parl**ant**
2군 동사	finir	fini**ssant**
3군 동사	apprendre	appren**ant**
3군 동사	avoir...........................	**ayant**
3군 동사	être.............................	**étant**
3군 동사	savoir	**sachant**

(2) 용법

① 현재분사가 부가형용사로서 명사를 한정한다. 이런 경우「**qui+동사**」로 바꿀 수 있다.

Il y a beaucoup d'étudiant **apprenant** le français.
               (apprenant = qui apprennent)
프랑스어를 배우는 학생들이 많다.
On voit des enfants **jouant** dans le parc. (jouant =qui jouent)
공원에서 놀고 있는 아이들이 보인다.

② 목적보어와 속사로 쓰인다.

J'ai trouvé ce livre **enseignant** l'idéal de l'humanité.
나는 이 책이 인류의 이상을 가르치고 있는 책임을 발견했다.
Ce travail est considéré comme **exigeant** beaucoup d'efforts.
이 일은 많은 노력이 요구되는 것으로 생각된다.
   [주의] 현재분사는 주어의 속사가 될 수 없다.

(3) 현재분사가 나타내는 시제

현재분사는 주동사가 나타내는 시제와 같은 시제를 표시한다.

  Je le trouve **lisant**. 나는 그가 책을 읽고 있는 것을 본다. 현재
  Je l'ai trouvé **lisant**. 나는 그가 책을 읽고 있는 것을 보았다. 과거
  Je le trouverai **lisant**. 나는 그가 책을 읽고 있는 것을 볼 것이다.
                  미래

(4) 부사적 분사 (Gérondif)

「**en** + 현재분사」로서 '때, 원인, 수단, 방법' 등을 의미하며 주동사의 주어가 Gérondif의 주어가 된다.

  Il marche **en lisant**.
    = Il marche en même temps qu'il lit. 동시성
  Il s'est instruit **en lisant**.
    = Il s'est instruit parce qu'il a lu. 수단, 방법
  Vous réussirez, **en tavaillant ainsi**.
    = Si vous travaillez ainsi, vous réussirez. 조건

 주의 ① Gérondif는 부사적 의미로 쓰이고, 현재분사는 형용사적 의미로 쓰여 현재분사의 위치에 따라 의미가 달라진다.
    즉 현재분사는 가까운 명사를 수식한다.
     Je rencontre mon ami **allant** à la maison.
     나는 집으로 가는 친구를 만난다. (allant은 ami를 수식함)
     Allant à la maison, je rencontre mon ami.
     집으로 가다가 나는 친구를 만난다. (allant은 je를 수식함)
     Je rencontre mon ami **en allant** à la maison.
     집으로 가다가 나는 친구를 만난다.
  ② 일반적으로 'en'은 서로 관련된 모든 현재분사 앞에 일일이 되풀이 해서 써야 한다.
     On acquiert la science **en** écout**ant**, **en** lis**ant**,
     en étudi**ant**, **en** voyage**ant**.
     듣고, 읽고, 공부하고, 여행함으로써 지식을 얻는다.

제12과

LEÇON DOUZE: Les Durand chez Monsieur Kim

C. 복합과거 (Passé Composé)

목적어를 취하는 타동사와 일부 자동사들은 avoir를 조동사로 하며, 직접보어 인칭대명사는 조동사 앞에 쓰고, 과거분사는 직접보어 인칭대명사의 성·수에 따라 변한다.

(1) 형태

avoir, être의 현재+과거분사 $\begin{cases} \text{1군 동사의 어간+é} \\ \text{2군 동사의 어간+i} \\ \text{3군 동사의 어간+é, i, u, s, t 어미} \end{cases}$

일부 자동사들 aller, venir, revenir, sortir, entrer, rentrer, partir, arriver, monter, descendre, naître, mourir, rester, tomber 등은 être를 조동사로 하며 과거분사는 주어의 성·수에 따라 변화한다.

① 긍정형

  J'**ai vu** ce film.   나는 그 영화를 보았다.
  Nous **avons fini** ce travail. 우리는 그 일을 끝냈다.
  Elles **sont** arriv**ées**.   그녀들은 도착했다.
  Ils **sont** part**is**.   그들은 출발했다.

② 의문형 : 조동사가 주어 앞에 놓인다.

  As-tu **vu** ce film?   그 영화를 보았니?
  Avez-vous **fini** ce travail? 그 일을 끝냈습니까?
  Sont-elles arriv**ées**? 그녀들은 도착했습니까?
  Sont-ils part**is**?   그들은 떠났습니까?

③ 부정형 : 「Ne+조동사+pas+p.p.」

  Je **n'ai pas vu** ce film. 나는 그 영화를 보지 않았다.

Nous **n'avons pas fini** ce travail. 우리들은 그 일을 끝내지 못했다.
Elles **ne sont pas** arriv**ées**. 그녀들은 도착하지 않았다.
Ils **ne sont pas** part**is**. 그들은 떠나지 않았다.

④ 부정의문형 : 「Ne+조동사+주어+pas+p.p.」

N'as-tu pas vu ce film? 그 영화를 보지 않았니?
N'avez-vous pas fini ce travail? 그 일을 끝내지 않았습니까?
Ne sont-elles pas arriv**ées**? 그녀들은 도착하지 않았습니까?
Ne sont-ils pas part**is**? 그들은 떠나지 않았습니까?

(2) 용법

① 완전히 지나간 과거의 일시적 동작을 의미한다.

Dimanche, il **a plu** tout le jour. 일요일에 하루 종일 비가 왔다.
Cet homme **est mort** l'an dernier. 그 사람은 작년에 죽었다.

② 과거 사실의 결과로서 현재의 상태를 의미한다.

J'**ai perdu** mon dictionnaire. 나는 사전을 잃었다.
Elle **est partie**: je ne la verrai plus.
그녀는 떠났다. 그녀를 더 볼 수 없다.

③ 과거 사실의 경험을 의미한다.

Je l'**ai vue** se promener nu-pieds au bord de la mer.
나는 그녀가 맨발로 해변 가에서 산책하는 것을 보았다.
As-tu jamais **été** en Corée? 한국에 가본 일이 없느냐?

④ 현재와 연관 없는 먼 과거의 사실을 의미한다.

Napoléon **est né** en Corse. 나폴레옹은 코르시카에서 났다.

Henri IV **est mort** en 1610. 앙리 IV세는 1610년에 죽었다.

⑤ 가정을 나타내는 Si 다음에서 전미래 대신 복합과거를 쓴다.

Si vous **avez fini** avant deux heures, vous m'en avertirez.
두시까지 끝나면 내게 알려주시오.

> 주의 a. 과거에서 현재까지 계속되고 있는 행위를 나타낼 때는 복합과거 대신 <u>현재형을 쓴다</u>.
> Elle **est** en France depuis trois ans.
> 그녀는 3년 전부터 프랑스에 가 있다.
> b. avoir를 조동사로 하는 p.p.의 직접보어가 p.p. 앞에 놓이면 p.p.는 직접보어의 성·수에 일치해야 한다.
> Ce sont mes robes. Je **les** ai achet**ées** hier.
> 이것이 내 드레스들이다. 내가 어제 산 것이다.

D. 3군 동사의 불규칙변화 동사들

	boire	conduire	lire	vouloir	pouvoir
	마시다	인도하다	읽다	원하다	할 수 있다
je	bois	conduis	lis	veux	peux
tu	bois	conduis	lis	veux	peux
il	boit	conduit	lit	veut	peut
nous	buvons	conduisons	lisons	voulons	pouvons
vous	buvez	conduisez	lisez	voulez	pouvez
ils	boivent	conduisent	lisent	veulent	peuvent
과거분사 :	bu	conduit	lu	voulu	pu

E. 어미 '-ir'인 3군 동사가 1군 동사와 같이 변화하는 동사들

accueill**ir** 맞아들이다   (p.p.) accueilli

j'	accueill**e**	nous accueill**ons**
tu	accueill**es**	vous accueill**ez**
il	accueill**e**	ils accueill**ent**

* accueillir와 같이 변화하는 3군 동사

cueillir (따다)- cueilli (p.p.)

F. 개수 (Nombres approximatif)

dix livres → **une dizaine de** livres 약 10권의 책들
vingt oiseaux → **une vingtaine d**'oiseaux 약 20마리의 새들
cent personnes → **une centaine de** personnes 약 백 명의 사람들

3. 어휘 (Vocabulaire)

en voiture	승용차로
faire une vissite à qn	~를 방문하다
de... à ...	~에서~까지
à peine	하자마자, 겨우, 기껏해서
par ici	이쪽으로 오세요,
dizaine de+복수명사	약~ 십여
de temps en temps	때때로
tout de suite	곧
Enchanté de faire votre connaissance.	처음 뵙겠습니다.
à haute voix 큰 소리로 =/= à voix basse 낮은 소리로	
commencer à+inf.	~하기를 시작하다
au cours de	~중에
jouer de + 악기명	~을 연주하다
jouer à + 놀이명	~놀이를 하다

연습문제 (Exercices)

A. ( ) 속의 우리말을 프랑스어로 써서 문장을 다시 쓰시오.

> Il donne un livre. (나에게) → Il **me** donne un livre.

(1) Paul montre sa maison. (우리에게)
(2) Le professeur ne parle pas. (그들에게)
(3) Elle apporte une tasse de café. (그에게)
(4) Il veut présenter sa femme. (당신에게)

B. ( ) 안의 동사를 복합과거로 변화시키고 밑줄 친 명사를 대명사로 바꾸어 문장을 새로 쓰시오.

> Je (regarder) la télévsion. → Je **l'ai regardée**.

(1) Nous (lire) les romans.
(2) Ils (n'obéir pas) à leurs parents.
(3) Ils (apprendre) le français à l'école.
(4) Il (répondre) à moi.
(5) Ils (vouloir) parler à leur professeur.
(6) Je (faire) mes devoirs à la maison.

C. ( )에 적당한 전치사를 쓰고 문장을 복수로 고쳐 쓰시오.

(1) Elle peut répondre ( ) cette question.
(2) L'oiseau vole ( ) chantant gaiment.
(3) Il parle ( ) son voyage.
(4) Je commence ( ) faire mes devoirs.

D. 둘째 문장을 Gérondif로 고치어 문장을 새로 쓰시오.

(1) Il mange; il lit le journal.

(2) M. Kim chante; il conduit sa voiture.

(3) Elle dit au revoir; elle me quitte.

(4) Je rencontre ma soeur; je sors de l'école.

회화 (Conversation)

A : Bonjour, Monsieur, avez-vous une chambre à deux lits avec salle de bains?

B : Nous sommes à peu près au complet, mais je vais voir.
Combien de temps avez-vous l'intention de rester?

A : Je compte que nous sommes ici pour une semaine au moins, peut-être une quinzaine.

B : Et voilà, je puis vous donner deux chambres avec salle de bains au premier; numéro 36 et 38.

A : Le petit déjeuner n'est pas compris dans le prix de la chambre, je crois?

B : Non, Monsieur, c'est toujours le repas non compris. Voici vos clefs, le chasseur va vous conduire, et on va monter vos bagages tout de suite.

---

une chambre à deux lits avec salle de bains 욕실이 있고 침대가 두개 있는 방; à peu près 거의; au complet 정원의, 만원의; Je vais voir. 알아보겠습니다; une intention 의향, 의도, 생각; rester 머물다; compte [kɔ̃t] compter 세다, 지불하다, '~할 생각이다, ~라고 생각하다'의 현재변화 1인칭 단수; au moins 적어도; peut-être 아마, 어쩌면, une quinzaine 2주, 보름; puis [pɥi] pouvoir '할 수 있다'의 현재변화 1인칭 단수; au premier는 au premier étage '2층' 의미이다; numéro 36 36호실; le petit déjeuner 조반; compris [kɔ̃pri] comprendre의 과거분사로 '이해된, 포함된' 의미; le prix [pRi] 값; crois [kRwa] croire '믿다, ~라고 생각

LEÇON DOUZE: Les Durand chez Monsieur Kim | 105

하다'의 현재변화 1인칭 단수; une clef = clé [kle] 열쇠; un chasseur [ʃasœːʀ] 사냥꾼, (호텔, 식당의) 보이; va vous conduire 당신을 안내할 것이다; monter [mɔ̃te] 여기서는 타동사로 '올리다, 올려가다' 의미이다; un bagage [bagaːʒ] 짐, 화물; tout de suite 곧, 당장에, 지체 없이

Lecture

Noël

Dans quelques jours, c'est Noël. Il fait froid. Dans la rue, les gens courent avec des paquets sur les bras. Dans les vitrines, on peut voir beaucoup de jolies choses et surtout, des jouets de toutes couleurs. Les petites filles regardent les poupées, et les garçons, les trains électriques avec de grands yeux.

Des sapins poussent sur les trottoirs et dans les maisons, avec des étoiles brillantes et des bougies allumées.

Vite, il faut rentrer pour préparer la fête.

LEÇON TREIZE

Une invitation à dîner

Aujourd'hui, vers trois heures, Mme Durand est allée au marché. Elle a acheté beaucoup de choses. Elle a dû tâcher surtout de choisir de la viande de bonne qualité, parce qu'elle veut faire des biftecks pour Sounam et Sangmi. Ils viennent dîner chez elle ce soir

Les deux invités arrivent à six heures et demie. Ils frappent à la porte, et Paul vient l'ouvrir :

"Bonsoir, mes amis. Vous êtes arrivés juste à l'heure.

--Nous sommes sortis à six heures et quart, dit Sounam. Nous avons pris l'autobus tout de suite, et nous sommes descendus devant chez toi."

---

vers [vɛːʀ] 쪽으로, ~경, ~무렵; est allée aller '가다'의 복합과거; un marché 시장; a acheté acheter '사다'의 복합과거; dû devoir '해야 하다'의 과거분사; tâcher (de+inf.)~ 하려고 애쓰다, 노력하다; surtout 특히; choisir 뽑다, 고르다; de la 부분관사; la viande 고기; la qualité 품질; veut vouloir(+inf.)의 현재변화 3인칭 단수; faire des biftecks [biftɛk] 비후스택을 만들다; viennent venir '오다'의 현재변화 3인칭 복수; chez [ʃe] ~의 집에, ~의 나라에; elle '그녀' 인칭대명사 강세형 3인칭 단수; ce soir 오늘 저녁; invité (n.) 초대받은 사람, 내빈; arrivent arriver '도착하다'의 현재변화 3인칭 복수; frapper (à + 명사) ~을 두드리다; ouvrir 열다; êtes arrivés arriver '도착하다'의 복합과거 2인칭 복수; juste à l'heure 정시에; sommes sortis sortir '나가다'의 복합과거 1인칭 복수; six heueres et quart 6시 15분; avons pris prendre '잡다, 타다'의 복합과거 1인칭 복수; un autobus [ɔtɔbys] 버스; tout de suite 곧; sommes descendus descendre '내리다'의 복합과거 1인칭 복수; toi '너' 인칭대명사 강세형 2인칭 단수

Paul les conduit dans la salle à manger. Ils voient une grande salle à manger. Elle est très propre. Deux grandes fenêtres donnent de l'air et de la lumière.

Madame Durand est en train de préparer la table, et la petite Marie l'aide en mettant le couvert et en apportant les verres.

Aussitôt, le dîner commence. Madame Durand sert le potage et un poisson. Ensuite, elle apporte de gros biftecks bien chauds.

Nous les avons mangés délicieusement en parlant gaiement.

les [le]는 Sounam과 Sangmi를 의미하는 직접보어 인칭대명사 3인칭 복수; conduit [kɔ̃dɥi] conduire '안내하다'의 현재변화 3인칭 단수; salle à manger 식당; voient [vwa] voir '보다'의 현재변화 3인칭 복수; elle은 la salle à manger를 의미하는 대명사로 '그 방은' 의미; propre [pRɔpR] 깨끗한; une fenêtre [fənetR] 창문; donnent [dɔn] donner '주다'의 현재변화 3인칭 복수; de l'(e)는 물질명사 앞에 쓰인 부분관사; air (n.m.) 공기, 대기; de la 부분관사 여성형; une lumière [lumjɛːR] 빛, 햇빛; 「être en train de+inf.」 ~하고 있는 중이다; préparer [pRepaRe] 준비하다; la petite Marie 형용사가 사람 이름을 수식하고 있을 때는 정관사를 쓴다; l'(a)는 Madame Durand을 의미하는 직접보어 인칭대명사 3인칭 단수; aide [ɛd] aider '돕다'의 현재변화 3인칭 단수; en mettant는 mettre의 Gérondif로 '놈으로써'란 의미; le couvert [kuvɛːR] 테이블보와 식기; apportant [apɔRtɑ̃] apporter '가져오다'의 현재분사, en apportant은 '가져옴으로써'란 Gérondif; un verre [vɛːR] 유리, 유리잔; aussitôt [osito] 곧, 즉시; sert [sɛːR] servir '섬기다, 봉사하다, 식사에 시중을 들다'의 현재변화 3인칭 단수; un potage [pɔtaːʒ] 수프; un poisson [pwasɔ̃] 생선; ensuite [ɑ̃sɥit] 그리고 나서, 그 다음에; de는 복수 형용사 앞에서 des가 de로 변한 것; gros [gRo] 굵은, 뚱뚱한, 큰; bien [bjɛ̃] (형용사, 과거분사, 부사 앞에서) 매우, 대단히; chaud(e) [ʃo, oːd] 뜨거운, 더운, 따뜻한; les는 앞의 biftecks을 받은 직접보어 인칭대명사 3인칭 복수;

avons mangés는 manger '먹다'의 복합과거 1인칭 복수로 과거분사에 's'가 쓰인 것은 avoir를 조동사로 한 과거분사의 직접보어가 과거분사 앞에 놓이면 과거분사 는 직접보어의 성과 수에 일치한다는 원칙에 따라 직접보어 les를 따라 과거분사가 복수변화 했다; délicieusement 기분 좋게; en parlant 말하면서; gaiement 즐겁게

"Mais maman, tu oublies de nous donner du pain et de la boisson, dit tout à coup Paul.

--C'est vrai. que'est-ce que vous voulez boire, mes enfants? J'ai de la bière et du vin.

--Non, merci, Madame, répond Namsou. Je ne bois pas de bière, ni de vin. Donnez-moi simplement de l'eau, s'il vous plaît.

--Et toi, Marie, qu'est-ce que tu veux?

--Du lait, s'il vous plaît.

C'est un dîner vraiment délicieux. Tout le monde mange de bon appétit.

제13과

oublies [ubli] oublier (de+inf.) ~ '(하는 것)을 잊다, 망각하다' 현재 2인칭 단수; nous '우리들에게' 간접보어 인칭대명사 1인칭 복수; du 부분관사 남성; pain [pɛ̃] 빵; de la 부분관사 여성; la boisson [bwasɔ̃] 음료; dit [di] dire '말하다'의 현재변화 3인칭 단수; tout à coup 갑자기; vrai [vrɛ] 참된, 진짜의, c'est vrai. 옳다; qu'est-ce que '무엇(을)'이란 복합형 의문대명사로 이 대명사 뒤에서는 주어와 동사가 도치되지 않는다. voulez [vule] vouloir '원하다'의 현재 2인칭 복수로 「vouloir+inf.」로 쓴다; boire [bwa:r] 마시다; la bière [bjɛ:r] 맥주; le vin [vɛ̃] 포도주; répond [rɛpɔ̃] répondre '대답하다'의 현재변화 3인칭 단수; de 타동사가 부정으로 쓰인 직접보어 앞의 부정관사나 부분관사는 부정사 'de'로 변한다; Je ne bois ni bière ni vin. '나는 맥주도 포도주도 마시지 않는다,'를 pas를 쓸 경우 Je ne bois pas de bière, ni de vin.으로 쓴다; moi는 간접보어 인칭대명사 'me, 나에게'가 동사 뒤에서 'moi'로 변화한 것; simplement [sɛ̃pləmɑ̃] 다만; de l'(a) 부분관사; eau [o] (n.f.) 물; le lait [le] 우유; vraiment [vrɛmɑ̃] 참말로; délicieux(se) [delisjɸ] 맛있는; tout le monde 모든 사람들; mange [mɑ̃ʒ] manger '먹다'의 현재변화 3인칭 단수; un appétit [apeti] 식욕, 욕망, 정욕, de bon appétit 맛있게

LEÇON TREIZE: Une invitation à dîner | 109

1. 발음 (Prononciation)

(1) X : [ks]　　　　[gz]　　　　[s]　　　　[z]

　　　excuse　　exercice　　six　　sixième

(2) 반모음

[j] : bien　　　mieux　　　viande　　　cahier
　　　　[bjɛ̃]　　　[mjø]　　　[vjɑ̃d]　　　[kaje]

[ɥ] : bruit　　continuer　　depuis　　nuage
　　　　[bʀɥi]　　[kɔ̃tinɥe]　　[dəpɥi]　　[nɥaːʒ]

[w] : doigt　　étoile　　oiseau　　oui
　　　　[dwa]　　[etwal]　　[wazo]　　[wi]

2. 문법 (Grammaire)

A. 강세형 인칭대명사 (Pronoms personels accentués)

수 \ 인칭	1 인칭	2 인칭	3 인칭
단 수	moi 나	toi 너	lui 그 elle 그녀
복 수	nous 우리들	vous 당신(들) 너희들	eux 그들 elles 그녀들

B. 용법

(1) 단독으로 쓰인다.

　　Qui a fait ça? **Moi**. (=C'est moi.) 누가 그것을 했냐? 내가 했다.

(2) 비교급 que 뒤에서 쓰인다.

   Elle est plus rusée **que lui**. 그녀는 그보다 더 교활하다.

(3) 전치사 뒤에서 쓰인다.

   Cette maison est **à moi**. 이 집은 나의 것이다.

(4) 관계대명사의 선행사로 쓰인다.

   Elle que j'attends depuis hier. 내가 어제부터 기다리던 그녀.

(5) 속사로 쓰인다.

   C'est **nous**. 그것은 우리들이다.

   주의 nous와 vous가 속사일 때 être 동사는 단수 'est'를 쓴다.
   Ce sont vous. (X) → C'est vous. (O)

(6) 주어나 보어를 강조한다.

   Toi, tu as tort. 바로 네가 잘못이다. (주어강조)
   Tu m'accuses, **moi**. 네가 바로 나를 고소한다. (보어강조)

(7) 「강세형+même, seul, non plus」 : même는 강조로서 '자신'을 의미한다.

   moi-même 나 자신   **toi aussi**   너 역시
   lui seul 그 혼자   **elle non plus** 그녀 또한 아니다.

(8) soi : soi는 한정되지 않은 주어 (on, personne, chacun, aucun)의 보어, 속사, 비교의 que 뒤에서 쓰인다.

On a souvent besoin d'un plus petit **que soi**.
사람은 가끔 자기보다 더 작은 것을 필요로 한다.

C. 변하지 않는 의문대명사

(1) 형태

	주어	속사, 직접보어	전치사가 붙은 보어
사람	qui?	qui?	à qui? de qui? avec qui? pour qui? à qui est-ce que?
	qui est-ce qui?	qui est-ce que?	
사물	qu'est-ce qui?	que?	à quoi? de quoi? pour quoi? à quoi est-ce que?
		qu'est-ce que?	

(2) 용법

① qui와 qui est-ce qui는 사람을 의미하며 주어로 쓰인다.

Qui est sorti? = **Qui est-ce qui** est sorti?
누가 나갔느냐?
Qui a dit cela? = **Qui est-ce qui** a dit cela?
누가 그런 말을 했습니까?

② qui와 qui est-ce que는 사람을 의미하며 속사나 직접보어가 된다.

Qui es-tu? = **Qui est-ce que** tu es?
너는 누구냐?
Qui rencontrez-vous? = **Qui est-ce que** vous rencontrez?
누구를 만나십니까?

③ qu'est-ce qui는 사물을 나타내며 주어가 되고, qu'est-ce que 는 사물을 나타내며 속사나 직접보어가 된다.

Qu'est-ce qui est arrivé? 무슨 일이 일어났느냐? (주어)
Qu'est-ce que vous cherchez? 무엇을 찾습니까?
=**Que** cherchez-vous? (직접보어)

> 주의 qui est-ce que와 qu'est-ce que 뒤에서는 주어와 동사가 도치되지 않는다.
>
> Qui es-tu? = **Qui et-ce que** tu es?
> Que cherchez-vous? = **Qu'est-ce que** vous cherchez?

④ 「전치사+qui」와 「전치사+qui est-ce que」는 사람을 나타내며 간접보어, 한정보어, 상황보어, 형용사의 한정보어가 된다.

A qui pensez-vous? 당신은 누구를 생각합니까?
=**A qui est-ce que** vous pensez? (간접보어)
Avec qui es-tu sorti? 누구와 함께 나갔느냐?
=**Avec qui est-ce que** tu es sorti? (상황보어)
De qui est-il amoureux? 그는 누구를 사랑하는가?
=**De qui est-ce qu**'il est amoureux? (형용사의 보어)
De qui est-il le fils? 그는 누구 아들인가?
=**De qui est-ce qu**'il est le fils? (한정보어)

⑤ que는 중성 il을 주어로 하는 비인칭동사의 보어로서 논리적 주어, 직접보어, 속사, 상황보어가 되며 que 앞에 전치사를 쓰지 못한다.

Qu'est-il arrivé? 무슨 일이 일어났는가? (주어)
Que fait-tu? 무엇을 하니? (직접보어)
Qu'est-il devenu après cela?
그 뒤 그가 어떻게 되었는가? (속사)
Que coûte ce stylo? 이 만년필은 얼마요? (상황보어)

⑥ quoi는 que의 강세형으로 주어, faire, répondre, dire 등 앞에서 직접보어, 「전치사+quoi」, 속사 등으로 쓰인다.

Quoi de plus beau que ceci? (주어)
이것보다 더 아름다운 것은 무엇인가?
Quoi (=Que) faire? 어떻게 하면 좋을까? (직접보어)
De quoi parlez-vous? 무엇에 대하여 말씀하십니까?
=**De quoi est-ce que** vous parlez? (전치사를 동반)
Je ne sais **quoi**(=que) devenir? 나는 무엇이 될지 모른다.(속사)
Qu'est-ce que nous allons devenir?
=Quoi allons-nous devenir? 우리는 어떻게 되나? (속사)

D. 부분관사 (Article partitif)

(1) 형태 : 셀 수 없는 물질명사나, 추상명사 앞에서 약간의 분량을 나타낸다.

남성 : du   여성 : de la

du와 de la는 모음과 무성 'h' 앞에서 「de l'」로 변한다.

Nous buvons **du** vin et **de la** bière.
우리는 포도주와 맥주를 마신다.
Je mange **du** boeuf avec **des** légumes.
나는 야채를 곁들인 쇠고기를 먹는다.
Ayez **du** courage. 용기를 가지시오.
Il a **de l'**esprit. 그는 영리하다.

(2) 부분관사의 변형 : 부정문의 직접보어 명사 앞에의 부정관사나 부분관사는 부정사 'de'로 변한다.

Il n'a pas **d'**ambition. 그는 야심이 없다.   (de la →d')
Nous ne mangeons pas **de** légumes.   (des→ de)
우리는 야채를 먹지 않는다.

> **주의** 의미가 절대적이 아니고 제한적일 때는 변하지 않는다.
> Je n'ai pas **de l'**argent pour le gaspiller. 낭비할 돈이 없다.
> (pour le gaspiller로 l'argent의 뜻이 한정되어 있어 변하지 않는다.)

(3) 「형용사+명사」 앞의 du, de la와 복수 형용사 앞의 부정관사 복수 des는 'de'로 된다.

> boire **de bon** vin. 좋은 술을 마시다.　　(du vin→ de bon vin)
> manger **de bonne** viande. 좋은 고기를 먹다.
> 　　　　　　　　　　　　(de la viande → de bonne viande)
> Il y a **de beaux** arbres dans le jardin. 정원에 좋은 나무들이 있다
> 　　　　　　　　　　　　(des arbres → de beaux arbres)
> Nous partons avec **de grandes** espérances.
> 우리는 큰 희망을 가지고 출발한다.
> 　　　　　　　　　　(des espérances→de grandes espérances)
> **예외** 복합명사에서 두 낱말이 하나의 명사가 되었을 경우에는 불변한다.
> 　　　**Du** bon sens 양식(良識)　**Des** petits enfants 유아들
> 　　　**Des** jeunes gens 청년들　**Des** petites filles 소녀들

(4) 전치사 'de' 다음에서 부분관사 du, de la, des는 생략된다.

> Une tasse **de**(=de du) café　　　　커피 한 잔
> Une corbeille **de**(=de des) pommes　한 광주리의 사과
> Une foule **de**(=de des) jeunes gens　한 무리의 청년들

(5) 분량부사의 보어가 될 때 부분관사 du, de la, des는 생략된다.

> **Beaucoup de** gens (de des gens→de gens) 많은 사람들
> **Combien de** livres avez-vous? (de des livres →de livres)
> 몇 권의 책을 가지고 있습니까?
> **Un peu de** sucre (de du sucre → de sucre) 약간의 설탕

(6) 전치사 'de'를 요구하는 동사의 보어 앞에서 부분관사 du, de la, des는 생략된다.

J'ai besoin d'argent.(de l'argent→d'argent) 나는 돈이 필요하다

예외 ① un grand nombre 뒤에서 **des**를 쓴다.

Un grand nombre des élèves sont sortis dans la rue.
수많은 학생들이 거리로 나왔다.

② bien과 la plupart 뒤에서는 du, de la, des를 쓴다.

J'ai bu <u>bien</u> **du** vin. 나는 술을 많이 마셨다.

La plupart **des** gens à Paris habitent des appartements.
대부분의 파리 사람들은 아파트에서 산다.

E. être를 조동사로 하는 복합과거 (Passé composé)

자동사의 일부 aller, venir, revenir, sortir, entrer, rentrer, partir, arriver, monter, descendre, naître, mourir, rester, tomber 등은 être를 조동사로 하며 과거분사는 주어의 성·수에 일치한다.

	aller	venir	sortir	partir
je **suis**	allé(**e**)	venu(**e**)	sorti(**e**)	parti(**e**)
tu **es**	allé(**e**)	venu(**e**)	sorti(**e**)	parti(**e**)
il **est**	allé	venu	sorti	parti
elle **est**	allé**e**	venu**e**	sorti**e**	parti**e**
n. **sommes**	allé(**e**)**s**	venu(**e**)**s**	sorti(**e**)**s**	parti(**e**)**s**
v. **êtes**	allé(**e, s, es**)	venu(**e, s, es**)	sorti(**e, s, es**)	parti(**e, s, es**)
ils **sont**	allé**s**	venu**s**	sorti**s**	parti**s**
elles **sont**	allé**es**	venu**es**	sorti**es**	parti**es**

F. 1군동사의 예외변화 동사와 불규칙변화 동사들

acheter 사다 boire 마시다 devoir 해야 하다 servir 봉사하다 voir 보다

	[aʃte]				
j'(e)	achète	bois	dois	sers	vois
	[aʃɛt]				

tu	achètes	bois	dois	sers	vois
il	achète	boit	doit	sert	voit
nous	achetons [aʃtɔ̃]	buvons	devons	servons	voyons
vous	achetez [aʃte]	buvez	devez	servez	voyez
ils	achètent	boivent	doivent	servent	voient
과거분사	acheté	bu	dû	servi	vu

G. 부정사 Ni

Je ne bois pas de bière. + Je ne bois pas de vin.

⇒ a. Je **ne** bois **ni** bière **ni** vin.

⇒ b. Je **ne** bois **pas de** bière, **ni de** vin.

3. 어휘 (Vocabulaire)

Madame votre mère	당신의 어머님
Monsieur votre père	당신의 아버님
être en train de + inf.	~하고 있는 중이다
à l'heure	정시에, 정해진 시간에
tâcher de + inf.	~하려고 애쓰다, 노력하다
frapper à + 명사	두드리다, 노크하다
la salle à manger	식당
de bon appétit	맛있게

연습문제 (Exercices)

A. ( ) 안의 동사를 현재와 복합과거로 쓰시오.
   (1) Nous (boire) de l'eau.
   (2) Ils (n'aller pas) à l'hôpital.
   (3) Elle (arriver) à l'heure.
   (4) Tu (tomber) de l'arbre.
   (5) Ils (ouvrir) la porte.
   (6) Elle (acheter) des choses.
   (7) Vous (devoir) m'attendre.
   (8) Ils (ne venir pas) avec eux.
   (9) Nous (monter) au premier étage.
   (10) Elle (mourir) hier.

> **참고**
>
> ouvrir (열다)
>
> | j' ouvre | nous ouvrons |
> |---|---|
> | tu ouvres | vous ouvrez |
> | il ouvre | ils ouvrent |
> | elle ouvre | elles ouvrent |
>
> couvrir (덮다, 싸다)
>
> | je couvre | nous couvrons |
> |---|---|
> | tu couvres | vous couvrez |
> | il couvre | ils couvrent |
> | elle couvre | elles couvrent |

B. ( ) 안에 부분관사와 부정관사의 변형을 쓰시오.
   (1) Je mange ( ) pain et ( ) viande.
   (2) Il boit ( ) café; elle boit ( ) lait.
   (3) Nous ne buvons pas ( ) bière, ni ( ) vin.
   (4) Elle achète ( ) beurre, ( ) sucre et ( ) sel.
   (5) Il y a ( ) beaux arbres dans le jardin.
   (6) je n'ai pas ( ) argent.
   (7) La plupart ( ) gens habitent des apartements.

회화 (Conversation)

A : Connaissez-vous les jours de la semaine?
B : Bien sûr! Lundi, mardi, mercredi, jeudi, vendredi...
A : Eh bien. C'est aujourd'hui mercredi. Demain ce sera..?
B : Jeudi.
A : Et après demain?
B : Vendredi.
A : Quel jour étions-nous hier?
B : Mardi.
A : Et avant-hier?
B : Lundi.
A : C'était le combien lundi dernier?
B : Le sept(7). Lundi prochain ce sera le quatorze(14).
A : Passons maintenant aux noms des mois.
B : Les voici : janvier, février, mars, avril, mai, juin...
A : Parfait. Quelle heure est-il?
B : Ma montre marque deux heures moins vingt.
A : Très bien, merci.

connaissez [kɔnɛse] connaître [kɔnɛtR] '알다, 느끼다, 경험하다'의 현재변화 2인칭 복수; bien sûr [bjɛ̃ syːR] 그야 물론이지; eh bien 그럼; sera [səRa] '일 것이다' être의 단순미래 3인칭 단수; demain [dəmɛ] 내일; après-demain 모래; étions être의 반과거 1인칭 복수; Quel jour étions-nous hier? 어제는 무슨 요일이었느냐?; avant-hier [avɑ̃ tjɛːR] 그저께; était [ete] être의 반과거 3인칭 단수; le combien [ləkɔ̃bjɛ̃] 며칠; le sept 7일(날짜에는 정관사를 쓴다); prochain(e) [pRɔʃɛ̃, -n] 다음의; passons [pɑsɔ̃] passer à '~로 넘어가다'의 현재변화 1인칭 복수; parfait [paRfɛ] 훌륭해; marque [maRk] marquer '표시하다, 가리키다'의 현재변화 3인칭 단수.

제13과

LEÇON TREIZE: Une invitation à dîner | 119

Lecture

La vie des Parisiens

Que font les Parisiens en été? Restent-il dans la ville? Non, ils partent en vacances.

Dans les gares, une foule nombreuse va et vient ; les trains sont pleins de voyageurs avec leurs valises et, quelquefois, leurs animaux. Cette petite fille porte son poisson rouge dans un sac plein d'eau. Ce petit garçon tient à la main une cage où un oiseau triste ne veut pas chanter.

Et ce chat, au fond de son panier, ferme les yeux. Quel voyage!

A la sortie de la ville, de longues files de voitures attendent longtemps avant de pouvoir rouler très vite, trop vite, vers le soleil.

Quel jour est-ce donc? C'est le 1er Juillet ou peut-être le 1er Août de chaque année.

LEÇON QUATORZE

Au Jardin Secret

Depuis son arrivée à Séoul, Monsieur Durand était toujours occupé au bureau. Il avait tant de choses à faire.

Souvent, il rentrait tard le soir. Et ce samedi après-midi, il a besoin de repos : il veut faire une petite promenade.

Mais il ne connaît pas encore bien les rues de Séoul. Alors, il pense à son ami coréen, Monsieur Kim. Il lui téléphone et le prie de passer l'après-midi avec lui.

Monsieur Kim est d'accord. Ils vont voir le Jardin Secret. Au bout d'une heure, ils arrivent au Jardin. Il y a beaucoup de monde devant le guichet. Ils attendent leur tour.

Ils réussissent enfin à prendre deux billets.

---

un jardin [ʒaʀdɛ̃] 뜰, 정원; secret(ète) [səkʀɛ, ɛt] 비밀의; une arrivée 도착; était [ete] être의 반과거 3인칭 단수; toujours [tuʒuːʀ] 언제나, 항상; occupé [ɔkype] 바쁜; un bureau [byʀo] 사무실; avait [avɛ] avoir의 반과거 3인칭 단수; tant [tɑ̃] 「tant de + 복수명사」 많은; choses à faire 할일들, faire 동사의 목적어가 앞의 choses이다; souvent [suvɑ̃] 흔히, 자주; rentrait [ʀɑ̃tʀɛ] rentrer '돌아오다'의 반과거 3인칭 단수; tard [taːʀ] 늦게; avoir besoin de ~이 필요하다; un repos

[Rəpo] 정지, 휴식; faire une promenade [pRɔmənad] 산책하다; pense penser '생각하다'의 현재 3인칭 단수, 「penser à+명사」을 생각하다; connaît [kɔnɛ] connaître '알다, 느끼다, 경험하다'의 현재변화 3인칭 단수; encore [ãkɔːR] 아직; une rue [Ry] (도시의) 거리; alors [alɔːR] 그 때에; pense [pãs] 「penser à + 명사」 ~을 생각하다; téléphone téléphoner '전화하다'의 현재변화 3인칭 단수; le는 Kim씨를 의미하는 직접보어 인칭대명사.

Ils entrent, et marchent lentement dnas le jardin. Monsieur Kim explique à son ami.

"Ce jardin faisait partie d'un palais royal. On l'a construit il y a bien longtemts, au quinzième siècle."

De temps en temps, Monsieur Durand arrête ses pas pour admirer les vieux monuments.

"J'aime surtout le style de ces bâtiments. Ils sont très beaux."

Et ils continuent leur promenade parmi la foule.

"Il y a trop de monde, dit Monsieur Kim. Quand j'étais jeune, les visiteurs étaient peu nombreux, et je venais souvent ici pour lire ou écrire. Mais ce n'est plus possible.

Revenez plutôt en hiver. Ce jardin a un autre charme quand il est couvert de neige."

marchent [maRʃ] marcher '걷다'의 현재변화 3인칭 복수; explique [ɛksplik] expliquer '설명하다'의 현재변화 3인칭 단수; faisait [fəze] faire '만들다, 하다'의 반과거 3인칭 단수; une partie [paRti] 일부, 부분; un palais [pale] 궁궐; royal [Rwajal] 왕의; l'는 palais를 의미하는 직접보어 인칭대명사; construit [kõstRyi] construire '건축하다'의 과거분사; 「il y a + 시간」 ~시간 전에; un siècle [sjɛkl] 세기; admirer [admiRe] 감탄하다; un monument [mɔnymã] 기념물; un style [stil] 문체, 스타일; un bâtiment [batimã] 건 (축)물; continuent [kõtiny] continuer '계속하다'의 현재변화 3인칭 복수; parmi [paRmi] ~중에서; une foule [ful]

군중; 「trop de + 명사」 너무 많은; le monde [mɔ̃d] 세계, 세상, 사회, 사람들; jeune [ʒœn] 젊은, 어린; un visiteur [vizitœːʀ] 방문객; peu [pœ] 조금, 거의 ~않다; nombreux [nɔ̃bʀø] 수많은; venais [vənɛ] venir '오다'의 반과거 1인칭 단수; souvent [suvɑ̃] 흔히, 자주; 「pour + 동사」 ~하려고; lire [liʀ] 읽다; écrire [ekʀiʀ] 쓰다; possible [pɔsibl] 가능한; revenez [ʀəvəne] revenir '다시 오다, 되돌아오다' 의 2인칭 복수 명령형; plutôt [plyto] 오히려; un hiver [ivɛːʀ] 겨울; un charme [ʃaʀm] 매력; quand [kɑ̃] 언제, ~할 때; couvert de ~으로 덮인; la neige [nɛːʒ] 눈

1. 발음 (Prononciation)

Ay [ɛj]   : cr**ay**on, nous p**ay**ons

Oy [waj] : v**oy**age, nett**oy**er, vous v**oy**ez

Uy [ɥi]   : app**uy**er, enn**uy**er, ess**uy**er

2. 문법 (Grammaire)

A. 반과거 (Imparfait)

(1) 형태 : 직설법의 현재 1인칭 복수의 어미 '-ons'를 땐 어간에 다음의 반과거 어미를 붙인다.

je ___**ais**   nous ___**ions**
tu ___**ais**   vous ___**iez**
il ___**ait**   ils ___**aient**

LEÇON QUATORZE: Au jardin secret

	1군동사	2군동사	3군동사		
	parler	finir	rendre	prendre	recevoir
je	parl**ais**	finiss**ais**	rend**ais**	pren**ais**	recev**ais**
tu	parl**ais**	finiss**ais**	rend**ais**	pren**ais**	recev**ais**
il	parl**ait**	finiss**ait**	rend**ait**	pren**ait**	recev**ait**
nous	parl**ions**	finiss**ions**	rend**ions**	pren**ions**	recev**ions**
vous	parl**iez**	finiss**iez**	rend**iez**	pren**iez**	recev**iez**
ils	parl**aient**	finiss**aient**	rend**aient**	pren**aient**	recev**aient**

예외 être는 예외이다.

j'étais nous étions
tu étais vous étiez
il était ils étaient

(2) 용법

① 행위의 반복, 습관을 의미한다.

　　Quand il **faisait** beau, je **pêchais** à la rivière.　　(반복)
　　날씨가 좋으면 나는 강에서 낚시를 <u>하곤 했다</u>.
　　Je **rencontrais** mes amis le dimanche.　　(습관)
　　일요일마다 나는 친구를 <u>만나곤 했다</u>.
　　(요일명에 정관사 'le'가 있으면 '~요일마다'란 의미가 된다)

② 과거에 계속된 동작, 상태를 의미한다.

　　<u>Hier matin</u>, nous **jouions** à la balle.　　(계속된 동작)
　　어제 아침에 우리는 <u>공놀이를 하고 있었다</u>.
　　Il **était** de petite taille.　　(상태)
　　그는 키가 <u>작았었다</u>.

③ 과거의 다른 동작과 동시에 일어난 동작을 의미한다.

Il **travaillait** quand je suis entré.
내가 들어갔을 때 그는 공부하고 있었다.
Elle **jouait** pendant sa mère dormait.
그녀의 어머니가 잠자는 동안 그녀는 놀았다.

④ 간접화법의 종속절에서 주절의 과거와 같은 때를 의미한다.

Il a dit qu'il **était** fatigué.　　　　　　　(간접화법)
그는 자기가 피곤하다고 말했다.
Il a dit : "Je suis fatigué."　　　　　　　(직접화법)
그는 말했다. "나는 피곤하다."

> **주의** 간혹 반과거는 '조건법, 과거에 있어서 근접미래' 또는 '의뢰, 단언, 요구' 등의 완화된 현재의 의미로 쓰인다.
> Un mot de plus, je le **battais**.
> 한 마디만 더 했으면 나는 그를 때렸을 것이다.

B. 불규칙변화 동사

	connaître 알다	construire 건축하다	écrire 쓰다
je	connais	construis	écris
tu	connais	construis	écris
il	connaît	construit	écrit
nous	connaissons	construisons	écrivons
vous	connaissez	construisez	écrivez
ils	connaissent	construisent	écrivent
과거분사 :	connu	construit	écrit
반 과거 :	je connaissais	construisais	écrivais

C. 형용사의 복수 : 명사의 복수와 같이 변화하며 성·수를 함께 변화시킬 때에는 먼저 여성변화 하고 다음에 복수 변화한다.

(1) 형용사 + s

		남성복수	여성복수
brun	갈색의	bru**ns**	brun**es**
actif	활발한	acti**fs**	acti**ves**
franc	솔직한	fran**cs**	fran**ches**

예외 형용사의 어미가 -s, -x인 것은 남성복수에서 불변한다.

		남성복수	여성복수
frais	서늘한	frai**s**	fraî**ches**
paresseux	게으른	paresseu**x**	paress**euses**

(2) -eau → -eaux

		남성복수	여성복수
beau	아름다운	bea**ux**	b**elles**
nouveau	새로운	nouvea**ux**	nouv**elles**

예외 bleu(푸른), feu(죽은) 등은 's'를 붙인다.

(3) -al → -aux 단, 여성복수는 '-ales'로 된다.

		남성복수	여성복수
brutal	난폭한	brut**aux**	brut**ales**
loyal	충실한	loy**aux**	loy**ales**

예외 fatal(숙명적인), final(끝의), naval(해군의) 등에는 's'를 쓴다.

3. 어휘 (Vocavulaire)

être occupé à + inf.	~하기에 바쁘다
tant de + 복수명사	많은
chose à faire	할 일
avoir besoin de+명사	~이 필요하다

penser à+명사	~을 생각하다
faire une promenade	산책하다
au bout de+시간	~ 끝에
être d'accord avec + 사람	~와 의견이 같다, 일치하다
prier + 사람(직접보어) + de + 동사	~에게 ~하도록 청하다
réussir à+inf.	~하는데 성공하다
trop de+복수명사	너무 많은
occupé	바쁜 =/= libre 한가한
secret	비밀의 =/= public 공개된
tôt	일찍이, 빨리 =/= tard 늦게
il y a + 시간	~전에
vite	빨리 =/= lentement 느리게, 천천히
être couvert de	~으로 덮이다

연습문제 (Exercices)

A. ( ) 안의 동사를 현재, 복합과거 및 반과거로 변화시키시오.

(1) Nous (vouloir) téléphoner.

(2) Ils (revenir) à la maison.

(3) Le facteur (apporter) une lettre.

(4) Vous (voyager) en chemin de fer.

(5) Henri (n'apprendre pas) l'allemand.

(6) Je (avoir) trois autos.

B. 첫째 동사는 복합과거로, 둘째 동사는 반과거로 쓰시오.

(1) Quand le téléphone (sonner), elle (lire).

(2) Quand elle (venir), vous (travailler).

(3) Quand nous (entrer), il (faire) son devoir.

C. (　) 안에 적당한 전치사나 수축관사를 쓰시오.

(1) Je reviens (　) quelques minutes.

(2) Je n'ai besoin (　) rien.

(3) Elle a commencé (　) apprendre le français.

(4) Je vous prie (　) entrer.

(5) Il a mal (　) dents.

회화 (Conversation)

A : Pardon, Monsieur. Pourriez-vous me dire où se trouve un bureau de poste?

B : Je regrette, mais moi non plus je ne suis pas d'ici. Ce monsieur, là-bas, pourra sans doute vous renseigner.

A : Excusez-moi, Monsieur, voudriez-vous m'indiquer où se trouve la poste?

C : C'est bien facile, tournez à gauche là-bas, au bout de la rue, et vous verrez la poste au fond de la place.

A : Merci beaucoup.

C : Il n'y a pas de quoi.

un pardon [paʀdɔ̃] 실례합니다; pourriez [puʀje] pouvoir) '~할 수 있다'의 조건법현재 2인칭 복수; se trouve [sə tʀuv] se trouver 대명동사 '있다'의 현재변화 3인칭 단수; un bureau de poste 우체국; regrette [ʀəgʀɛt] regretter '아까워하다,

뉘우치다, 미안하다'의 현재변화 1인칭 단수; non plus 또한 아니다; là-bas 거(저)기에(서); pourra [puʀa] pouvoir의 단순미래 3인칭 단수; sans doute 확실히, 틀림없이; vous '당신에게' 간접보어 인칭대명사 2인칭 복수; renseigner [ʀɑ̃seɲe] 정보를 제공하다, 가르쳐주다; excusez [ɛkskyze] excuser '용서하다'의 현재변화 2인칭 복수, excusez-moi. 미안합니다; voudriez [vudʀje] vouloir의 조건법현재 2인칭 복수; 「voudriez-vous+inf.」는 상대방에게 겸손하게 부탁할 때 쓰는 표현으로 '~해 주시겠습니까?' 의미; m'는 me의 'e'가 생략된 간접보어 인칭대명사; indiquer [ɛ̃dike] 알려주다, 가르쳐주다; facile [fasil] 쉬운; tournez [tuʀne] tourner '돌리다, 돌다'의 명령형 2인칭 복수; gauche [goʃ] 왼편의, (n.f.) 왼편, à gauche 왼편에(으로); verrez [veʀe] voir '보다'의 단순미래 2인칭 복수; au fond de ~의 끝에; place 자리, 장소; il n'y a pas de quoi. 감사할 것이 없습니다, 천만에요.

Lecture I

Le meilleur moment

Le maître d'une petite écloe de campagne dit un jour à ses élèves : "Il y a quatre saisons dans une année : le printemps, l'été, l'automne et l'hiver. Au printemps, tous les prés et les buissons sont couverts de fleurs, en été, il fait très chaud, on récolte le foin et les céréales, en automne, les fruits mûrissent et les feuilles deviennent rouges et jaunes, en hiver, il fait froid, et les champs sont couverts de neige...

Eh bien! Jacques, est-ce que tu m'écoutes? Lève-toi, petit paresseux, et dis-moi quel moment il faut choisir pour cueillir les pommes."

Jacques répond sans hésiter : "Le moment où le fermier est dans la maison et où il n'y a pas de chien dans le jardin.

Lecture II

Les Gaulois aimaient la guerre et la faisaient souvent. Ils étaient braves. Les jours de batailles, ils sortaient des rangs ; ils avançaient à quelques pas de l'ennemi: "Qui veut combattre avec moi?" criaient-ils.

C'était une joie pour eux que d'être blessé, et ils montraient avec orgueil le snag qui décorait leur poitrine.

Ils étaient fiers quand ils avaient vaincu un ennemi. Ils lui coupaient la tête pour la mettre à la pointe de leur lance, ou la prendre à la selle de leurs chevaux, comme font encore aujourd'hui les peuples barbares.

LEÇON QUINZE

Les examens sont finis.

Pierre : Ouf! C'est fini. Es-tu content de tes examens?

Paul : Pas du tout. J'ai tout raté, sauf celui de mathématiques. Cette année les professeurs donnent des questions difficiles, Je suis surtout furieux d'examen d'histoire.

Pierre : Pourtant, hier soir, tu as travaillé jusqu'à dix heures, n'est-ce pas? Tu n'as rien fait pour l'histoire?

Paul : Hélas non. J'ai passé des heures à revoir le français et la géographie. Quand je suis rentré à la maison, j'ai continué jusqu'à l'aube. Et ce matin, j'avais mal à la tête, et j'ai tout oublié.

Pierre : Moi non plus, je ne suis pas content du tout.

Paul : Mais tu est très fort en anglais.

---

ouf [uf] 아아; un examen [ɛgzamɛ̃] 시험; pas du tout 전혀 ~아니다, 천만에; tout 모든 것, 모두(tout가 동사의 직접보어일 때는 동사 앞에 놓인다); rater 실패하다; sauf [sof] ~을 제외하고, ~이 아니라면; celui 그것, 그 사람 (사람, 사물을 가리키며 단독으로 쓰이지 않음); la mathématiques 수학; cette année 금년; un professeur 선생, 교수; donnent donner '주다, 출제하다'의 현재 3인칭 복수; une question 질문, 문제; difficile 어려운; furieux(se) [fyʁjø,-z] 격노한; une histoire 역사; pourtant 그러나 그렇지만; hier soir 어제 저녁; jusqu'à [ʒyska] ~까지; n'est-ce pas? 안 그래?; ne...rien 아무것도 ~아니다(없다); hélas [elɑːs] 아아(탄식); ai passé passer '시간을 보내다'의 복합과거 1인칭 단수, 「passer à + inf.」 ~하며 보내다; revoir 다시보다, 복습하다; la géographie [ʒeɔgʀafi] 지리; suis rentré rentrer '돌아오다'의 복합과거 1인칭 단수; ai continué continuer '계속하다'의 복합과거 1인칭 단수; une aube 새벽; ce matin 오늘 아침; avoir mal à la tête 머리가 아프다; tout 모든 것; ai oublié oublier '잊다'의 복합과거 1인칭 단수; moi non plus 나도 역시 아니다; content (de) ~을 만족하다; du tout 전혀; être très fort en ~을 잘하다; l'anglais 영어;

Pierre : Non. Cette fois-ci, ça n'a pas bien marché. Je crois que j'ai fait un tas de fautes. L'emploi des verbes était sans problème, mais celui des prépositions était un vrai casse-tête. D'ailleurs, en voulant corriger quelques fautes, j'ai pu ajouter d'autres fautes.

Paul : Toi aussi, tu exagères si souvent ! En tout cas, attendons les résultats, mais tu dois avoir faim. Allons déjeuner. Voilà justement deux restaurants en face. Où veux-tu manger?

Pierre : Ni l'un ni l'autre ne me plaît. Celui-ci est trop petit, et celui-là a l'air peu sympathique. Viens chez moi, je t'invite.

cette fois-ci 이번; marche marcher '걷다, (일이) 되어가다'의 현재 3인칭 단수; crois [kʀwa] croire '믿다, 확신하다'의 현재 1인칭 단수; que 접속사, 영어의 that; ai fait는 faire의 복합과거 1인칭 단수; 「un tas de+ 복수명사」 많은, 다수의; une faute [foːt] 과오, 실수; un emploi [ɑ̃plwa] 사용, 용법, 직무; un verbe [vɛʀb] 동사, 어조, 말투; un problème [pʀɔblɛm] 문제, 숙제, sans problème 문제없이; celui는 emploi를 의미한다; une préposition 전치사; vrai [vʀɛ] 진실의; un casse-tête 곤봉, 힘든 일; d'ailleurs [dajœːʀ] 게다가; corriger [kɔʀiʒe] 정정하다; ajouter [aʒute] 보태다, 추가하다; aussi [osi] 역시, 또한; exagères [ɛgzaʒɛʀ] exagérer '(말, 표현을)과장하다'의 현재 2인칭 단수; si 그렇게, 그처럼; souvent 자주; en tous cas 어쨌든, 여하간; attendons은 attendre '기다리다'의 현재 1인칭 복수; résultat [ʀezylta] 결과, 결말; mais 그러나; dois는 devoir '해야하다, 아마

도~일 것이다, ~임이 틀림없다'의 현재 2인칭 단수; avoir faim 배가 고프다; devoir avoir faim 배가 고픈 것이 틀림없다; allons은 aller '가다'의 명령법 1인칭 복수; déjeuner 아침식사 (를 하다), 점심식사(를 하다); justement 정확하게, 당연히; un restaurant 식당; une face 얼굴, 표면; en face 정면(으로, 에); où 어디로, 어디서(에); veux는 vouloir '원하다'의 현재 2인칭 단수; ni l'un ni l'autre 어느 쪽도 ~않다; plaît는 plaire à '~의 마음에 들다'의 현재 3인칭 단수; celui-ci '이것' 복합형 지시대명사; trop 너무 지나치게; celuui-là 저것; 「avoir l'air+형용사」 ~ 처럼 보이다(형용사는 air에 일치하기도 하고 주어에 일치하기도 한다); sympathique [sɛ̃patik] 공감의, 호감을 주는; viens은 venir의 명령법 2인칭 단수; t'(e) '너를' 의미하는 직접보어 인칭대명사 2인칭 단수; invite [ɛ̃vit] inviter '초대하다'의 현재1인칭 단수

1. 발음 (Prononciation)

GN	[ɲ]	: campa**gn**	monta**gn**e	si**gn**e	pei**gn**e	
ILL	[ij]	: bri**ll**er	fami**ll**e	jui**ll**et	travai**ll**er	
	[il]	: mi**ll**e	tranqui**ll**e	vi**ll**age	vi**ll**e	
AIL, EIL	[aj, ej]	: trav**ail**	cor**ail**	par**eil**	sol**eil**	
EUIL(L)	[œj]	: faut**euil**	f**eui**lle			
OEIL(L)	[œj]	: **oeil**	**oeil**lère			
OUIL(L)	[uj]	: fen**ouil**	gren**ouill**e			

2. 문법 (Grammaire)

A. 지시형용사 (Adjectifs démonstratifs)

(1) 형태

형태	단수			복수
	남성 ce	남성 cet (모음, 무성 h 앞에서)	여성 cette	남여성복수 ces
단일형	ce livre ce héros	cet͜ arbre cet͜ homme	cette fille cette rue	ces livres ces arbre ces filles
복합형	ce......ci ce......là ce stylo-ci ce stylo-là	cet.......ci cet.......là cet͜ ami-ci cet͜ ami-là	cette.....ci cette......là cette rue-ci cette rue-là	ces......ci ces......là ces͜ arbres-ci ces͜ arbres-là

(2) 용법

① 단일형 지시형용사 : 경멸, 감탄, 칭찬, 분노를 나타낸다.

Ce grand imbécile !   이런 바보 같으니라구!
Ce courage !   용감한데 !
Ce pauvre homme !   가엾어라 !

예외 모음 생략하지 않는 huit, onze 앞에서 cet 대신 ce를 쓴다.

② 복합형 지시형용사 : 원근, 강조, 대립을 의미한다.

가까운 것 : ce, cet, cette, ces + 명사 -ci 이....
먼 것   : ce, cet, cette, ces + 명사 -là 저....
Ce crayon-**ci** et **ce** crayon-**là**   이 연필과 저 연필
Cette maison-**ci** et **cette** maison-**là**   이 집과 저 집

B. 변화하는 지시대명사

(1) 형태

형태	단수		복수	
	남성	여성	남성	여성
단일형	celui	celle	ceux	celles
복합형	celui-ci celui-là	celle-ci celle-là	ceux-ci ceux-là	celles-ci celles-là

(2) 용법

① celui, celle, ceux, celles 등은 항상 한정보어 「**de+명사**」나 관계대명사, 관계절을 동반하여 앞에 나온 명사(사람, 물건)를 나타낸다.

    Ma maison et **celle** de mon ami.   나의 집과 친구의 집.
                    한정어
    Vos livres et **ceux** qui sont là.   너희들의 책과 저기 있는 책들.
                    한정절
    Ma montre et **celle** qu'il a perdue.   나의 시계와 그가 잃어버린
                  한정절   시계.

② 이미 나온 명사를 나타내지 않고 단독으로 쓰일 경우 항상 사람을 뜻하며 특정하지 않은 사람 또는 여러 사람을 나타낸다.

    Celui qui fait bien mérite l'estime publique.
    선을 행하는 사람은 세상 사람의 존경을 받을 만하다.
    Nous aimons naturellement **ceux** qui nous aiment.
    우리는 자연히 우리를 사랑하는 사람들을 사랑한다.

③ 제일 명사   제2 명사   celui-ci   celui-là

-ci는 가까운 것 또는 후자를 뜻하며, -là는 먼 것 또는 전자를 의미한다.

LEÇON QUINZE: Les examens sont finis

Robert est plus connu que son frère; **celui-ci** est médecin, **celui-là** est acteur. 로베르는 형보다 이름이 더 알려졌다. 후자(형)은 의사이고, 전자(로베르)는 배우다.

L'or est plus précieux que le fer, mais **celui-ci** est plus utile que **celui-là**.

금은 철보다 귀중하지만 후자(철)가 전자(금)보다 더 유용하다.

> 주의 품질형용사는 지시대명사를 직접 수식할 수 없다.
> Le crayon bleu et celui rouge. (X)
> Le crayon bleu et **celui qui** est rouge. (O)
> 푸른 연필과 붉은 것(붉은 연필).

C. Que 접속사 (Conjonction)

접속사는 두 개의 단어 또는 절을 연결할 때 쓰이며, 한 개의 단어로 연결하는 단일 접속사와 두 개 이상의 단어로 연결하는 접속사구가 있으며 대등한 관계로 연결하는 대등접속사와 한 절을 다른 절에 종속시키는 종속접속사가 있다.

(1) 종속절이 되는 명사절을 주절에 연결시킨다.

Je veux **que** vous soyez studieux.
나는 너희들이 근면하기를 바란다.

(2) 비교구를 연결한다.

Elle est **aussi** intelligent **que** vous.
그녀는 당신만큼 영리하다.

(3) 접속사구를 만든다.

afin que+sub. ~하기 위하여   bien que+sub. ~임에도 불구하고
avant que+sub. ~전에   pour que+sub. ~할 수 있도록

à mesure que ~에 따라   sans que+sub. ~없이

(4) 「que + 접속법」은 3인칭 명령 및 기원을 나타낸다.

Qu'il entre! 그가 들어오도록 하시오.

D. 능동태와 수동태 (Voix ative et voix passive)

(1) 능동태 : 주어가 동작하는 것을 나타내는 동사의 형태를 말한다.

Il palre à ses enfants. 그는 그의 아이들에게 말한다.
Il a plu toute la nuit. 밤새껏 비가 왔다.

(2) 수동태 : 주어가 동작을 받는 동사의 형태로 직접타동사만이 수동태가 되며, 조동사는 être이고, 과거분사는 주어의 성·수에 일치하며 수동태의 주어는 능동태의 직접보어만이 되며, 동작주보어는 par나 de 뒤에 쓴다.

① 형태

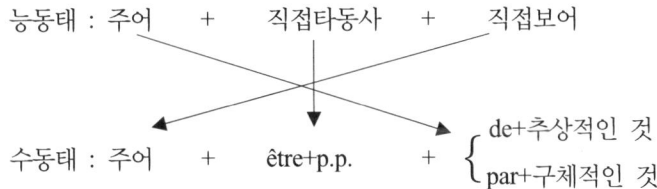

수동태의 현재 : estimer   수동태의 복합과거 : aimer
Je **suis** estimé(**e**)   J' **ai été** aimé(**e**)
Tu **es** estimé(**e**)   Tu **as été** aimé(**e**)
Il **est** estimé   Il **a été** aimé
Elle **est** estimé**e**   Elle **a été** aimé**e**
Nous **sommes** estimé(**e**)**s**   Nous **avons été** aimé(**e**)**s**

Vous **êtes** estimé(**e, s, es**)   Vous **avez été** aimé(**e, s, es**)
Ils **sont** estimé**s**   Ils **ont été** aimé**s**
Elles **sont** estimé**es**   Elles **ont été** aimé**es**

② 용법

a. 주어가 동작을 받는 문장이다.

Les maisons **ont été détruites par** l'inondation.
집들이 홍수로 무너졌다.

b. 동작주보어 앞에 쓰이는 전치사 <u>par</u>는 구체적인 것과 일반적인 사실일 때 쓰이며, <u>de</u>는 aimer, estimer, respecter, détester, suivre, accompagner 등 동사와 함께 쓰인다.

Les chiffres **ont été inventés par** les Arabes.
숫자는 아랍인들에 의해 발명되었다.
M. Fabre **est aimé de** tout le monde.
Fabre씨는 모든 사람들로부터 사랑을 받는다.

> **예외** 주어가 'on'일 때 수동태의 동작주보어는 생략된다.
> **On** accueille toujours bien les bonnes nouvelles.
> 사람들은 좋은 소식을 항상 잘 받아들인다.
> Les bonnes nouvelles **sont** toujours bien **accueilles**.
> 좋은 소식은 항상 잘 받아들여지고 있다.

E. aussi와 non plus

J'aime la pomme. Et toi?
-- Je l'aime aussi. = **Moi aussi**.
Je n'aime pas la pomme. Et toi?
-- Je n'aime pas non plus. = **Moi non plus**.

F. 불규칙변화 동사

	croire 믿다	plaire (à) ~의 마음에 들다	exagérer 과장하다
je	crois	plais	exagère
tu	crois	plais	exagères
il	croit	plaît	exagère
nous	croyons	plaisons	exagérons
vous	croyez	plaisez	exagérez
ils	croient	plaisent	exagèrent
과거분사 :	cru	plu	exagéré
반 과 거 :	je croyais	je plaisais	j'exagérais

3. 어휘 (Vocabulaire)

pas du tout	전혀~이 아니다, 천만에
n'est-ce pas?	안 그래?
passer + 시간 + à + inf.	~하며 시간을 보내다
avoir mal à la tête	머리가 아프다
moi non plus	나도 역시 아니다
être content de	~을 만족하다
du tout	전혀
être très fort en	~을 잘 하다
un casse-tête	곤봉, 힘든 일
d'ailleurs	게다가
en tous cas	여하간
en face	면전에
un tas de+복수명사	많은

ni l'un ni l'autre	어느 쪽도 아니다
avoir l'air + 형용사	~처럼 보이다

연습문제 (Exercices)

A. ( ) 안의 동사를 현재, 복합과거, 반과거로 쓰시오.
   (1) Ils (être) très occupés.   (2) Elle (n'oublier rien).
   (3) Ces robes (ne me plaire pas)   (4) Nous (croire) M. Li.
   (5) Elles (rester) chez moi.

B. ( )에 적당한 지시대명사를 쓰시오.
   (1) Ma maison est petite, mais (　) de Paul est grande.
   (2) Voici mes livres et (　) de Suzanne.
   (3) Voici deux garçons, (　)-ci sont studieux, mais (　)-là sont paresseux.
   (4) Ces pièces-ci sont propres, mais (　)-là sont sales.

C. 부정으로 대답하시오.
   (1) Avez-vous dit quelque chose?
   (2) As-tu bu de la bière?
   (3) Je n'ai pas vu ce film-là. Et toi?
   (4) Est-ce que Pierre et André ont répondu à votre question?
      (ni l'un ni l'autre를 사용하여 답하시오)

D. ( )에 à, de, en, par, que 중에서 골라 쓰시오.
   (1) Elle est très forte (　) mathématiques.
   (2) Je ne suis pas (　) accord avec vous.

(3) On dit ( ) il est très riche.

(4) ( ) rentrant dans le restaurant, il a commencé ( ) demander un verre d'eau.

(5) il a mangé trop ( ) pommes.

회화 (Conversation)

A : Hé, là-bas ! Porteur! Voulez-vous me faire enregistrer ma malle, s'il vous plaît?
B : Bien, Monsieur. Pour quel endroit?
A : Je prends l'express de 20 heures 48 pour Lyon.
   Tâchez de me trouver une bonne place de coin, pendant que je vais prendre mon billet.
B : Quelle classe?
A : Première. Mettez cette valise et ces deux sacs dans le filet.
   Sur quel quai est mon train?
B : Quai no. 4.
A : Une première pour Lyon, s'il vous plaît.
C : Aller et retour?
A : Non, aller seulement. Aurai-je à changer de train>
C : Non, Monsieur, le train est direct.
D : Par ici, Monsieur. Voici votre compartiment.
A : Bien. A quelle heure arrivons-nous à Lyon?
D : A six heures quinze, si le train n'a pas de retard.

un porteur 수화물 운반인; enregistrer [ɑ̃ʀəʒistʀe] 기록하다, (수화물을) 부치다; une malle 여행용 가방; un endroit 곳, 장소; un express 급행열차; pour Lyon

리용행; pendant que ~하는 동안; un sac 부대, 자루; un filet 그물선반; un quai 강둑, 플렛트홈; aller et retour 왕복; aller 가는 것; aurai는 avoir의 단순미래 1인칭 단수; avoir à changer de train 환승해야 하다; un direct [diʀɛkt] 직행열차; un compartiment (열차의) 칸

Lecture I

A la fortune du pot

Ce soir, jai six amis à dîner. Dans le tiroir de la table, j'ai assez de fourchettes, de cuillères et de couteaux mais j'ai été obligée d'aller chercher des verres, des assiettes et un saladier chez la voisine. Comme je n'ai pas beauucoup d'argent et une cuisine minuscule, le rôti est remplacé par du jambon ; des pommes de terre à l'eau sont le seul légume.

Heureusement, j'ai rapporté du jardin de mes parents de belles salades et de nombreux fruits.

Lecture II

La Fontaine

Tous les enfants aiment La Fontaine. C'est leur poète favori.

Cet écrivain du dix-septième siècle nous charme encore aujourd'hui par son esprit, sa grâce et son art incomparable.

Plusieurs écrivains ont écrit des fables, mais celles de La Fontaine sont uniques en leur genre. Ce sont de vrais chefs-d'oeuvre. Si vous voulez goûter tout le charme de ces belles fables, asseyez-vous un beau jour à l'ombre d'un arbre.

Assis en plein air, votre livre à la main, lisez vos fables favorites, par exemple, celle de La Cigale et la Fourmi.

La cigale a passé son temps à chanter pendant tout l'été.

Quand l'hiver est venu, elle n'a rien à manger dnas sa petite maison. Elle va donc chez la fourmi, sa voisine. Celle-ci était riche, grâce à son travail et à ses économies.

La cigale la prie humblement de lui prêter quelques provisions, qu'elle promet de lui rendre au printemps.

Malheureusement la fourmi n'est pas généreuse. Son défaut principal est l'avarice. Elle demande à la cigale d'un ton dur :

--Que faisiez-vous? Quand il faisait beau temps?

--Nuit et jour, à tous ceux qui voulaient m'entendre, je chantais mes plus belles chansons.

--Ah, vous chantiez? J'en suis fort aise.

Eh bien, dansez maintenant.

제15과

LEÇON SEIZE

Un projet de voyage

< Texte I >

Un projet de voyage

Sounam : Nous voici en vacances. Qu'est-ce que tu vas faire?

Paul : J'ai un tas de devoirs. Il faut lire beaucoup de livres, faire des compositions, apprendre le coréen, et puis...

Sounam : Pauvre Paul ! Et tu resteras toujours à Séoul?

Paul : Mais non. Je vais faire un peu de tourisme avec ma famille. En France, nous avons voyagé chaque été.

Sounam : Alors, vous pensez aller au Japon, par exemple?

Paul : Non. Nous ne quittons pas le Pays du Matin calme. On dit qu'il y a tant d'endroits intéressants à visiter.

Sounam : Tu as raison. Mais en Corée, il y a Kyongju et Jéjudo. Lequel de deux endroits voulez-vous visiter exactement?

Paul : Nous voulons aller à Kyonju pour voir le célèbre temple Bulkuksa.

Sounam : C'est une bonne idée. Comme tu dis, ce temple-là est très connu, et c'est évidemment la première chose à voir en Corée. De nombreux étrangers vont l'admirer.

voici는 sommes를 의미한다; vas faire 하려고 하다; devoir 숙제; faut [fo] falloir '해야만 하다'의 현재 3인칭 단수; lire 읽다; une composition [kɔ̃pozisjɔ̃] 창작, 작문; apprendre [apʀɑ̃dʀ] 배우다; et puis 게다가, 또; 「명사 +pauvre」 가난한, 빈곤한, 「pauvre+명사」 가련한, 불쌍한; resteras [ʀɛstʀa] rester의 단순미래 2인칭 단수; toujours 항상, 늘; mais non 천만에; un tourisme [tuʀism] 관광; chaque été 여름마다; pensez는 penser '생각하다'의 현재 2인칭 복수; par exemple 예를 들면; quittons은 quitter '떠나다'의 현재 1인칭 복수; intéressant 흥미있는; visiter 방문하다; une raison [ʀɛzɔ̃] 이성, 이유, avoir raison 옳다; lequel [ləkɛl] '어느 것'이란 변하는 의문대명사; voulez는 vouloir '원하다'의 현재 2인칭 복수 exactement [ɛgzaktmɑ̃] 정확하게. célèbre 유명한; un temple 절; une idée 생각, 사상, comme ~와 같이; être connu는 connaître(알다)의 수동태로 '알려져 있다'의 의미; évidemment [evidamɑ̃] 분명히; un étranger 외국인; aller admirer의 근접미래로 '감탄할 것이다'의 의미.

< Texte II >

L'aquilon

Je suis l'aquilon. J'habite les pays froid, près du pôle. Dans mon royaume, tout est blanc. On ne voit pas d'hommes. On ne voit que des ours blancs. Il n'y a pas d'arbres, il n'y a pas de forêts, il n'y a pas de plantes dnas mon royaume. Il y a de la neige et de la glace partout.

Aujourd'hui, je reste chez moi. Mais demain, je traverserai l'océan. Je voyagerai sur la mer. La neige tombera, tout sera blanc. La terre ressemblera à mon royaume près du pôle.

Les paysans allumeront du feu dans leurs chaumières. Ils regarderont le ciel et ils diront ; Brr... il fait froid. Nous avons le vent du nord.

Demain, je soufflerai sur les villes. La neige tombera sur les toits et dans les rues. Sur les toits, elle restera blanche, mais dnas les rues, elle deviendra vite noire, parce que les rues ne sont pas propres. Les hommes ne seront pas contents; mais les enfants seront contents, car ils m'aiment bien, lorsque je leur apporte la neige. Ils feront des boules de neige. Les pauvres gens seront bien triste. Ils auront froid. Mais qu'importe, je soufflerai plus fort, car je suis l'aquilon et je suis très cruel.

aquilon (m.) 북풍; habiter 살다; un pays 나라; froid 추운; près de 곁에; un pôle 북극; un royaume 왕국; tout '모든 것' 의미의 대명사; voit voir '보다'의 현재 3인칭 단수; ne...que...=seulement 오직; ours [URS] 곰; blanc 흰 (여성형 blanche); un arbre 나무; un forêt 삼림, 숲; il n'y a pas de forêts의 de는 il y a가 부정으로 쓰여 부정관사 des가 부정사 de로 변한 것; une plante 식물, 풀; la neige 눈; la glace 얼음; partout 도처에(서); rester 머물다; chez ~의 집(나라)에; traverserai traverser '건너다, 횡단하다'의 단순미래 1인칭 단수; un océan 대양; voyagerai voyager '여행하다'의 단순미래 1인칭 단수; la mer 바다; tombera tomber '떨어지다, 내리다'의 단순미래 3인칭 단수; la terre 땅, 대지; un toit 지붕; ressemblera à ressembler à '~을 닮다, ~와 비슷하다'의 단순미래 3인칭 단수; un paysan 농부(여성형은 une paysanne); allumeront allumer '불을 켜다'의 단순미래 3인칭 복수; le feu 불; une chaumière 초가집; regarderont regarder '보다'의 단순미래 3인칭 복수; le ciel 하늘; diront dire '말하다'의 단순미래 3인칭 복수; 날씨에는 faire 동사를 쓴다, il fait beau(mauvais, chaud, froid) 날씨가 좋다(나쁘다, 덥다, 춥다); le vent 바람; le nord 북쪽; soufflerai souffler '입김을 내불다, 바람이 불다'의 단순미래 1인칭 단수; une ville 도시; une rue 도로; deviendra devenir '되다'의 단순미래 3인칭 단수; propre 깨끗한; seront être의 단순미래 3인칭 복수; content 만족하는; m'는 aquilon를 의미함; aiment aimer '사랑하다, 좋아하다'의 현재 3인칭 복수; lorsque ~할 때; leur enfants을 의미함; feront faire '만들다'의 단순미래 3인 칭복수; une boule 공; "pauvre+사람" '불쌍한 사람', "사람+pauvre" '가난한 사람' 의미; triste 슬픈, 쓸쓸한; avoir chaud(froid) 덥다(춥다); qu'importe 상관 없다; fort 세게, 강하게; cruel 잔인한

1. 문법 (Grammaire)

A. 단순미래 (Futur simple)

(1) 형태 : 1군동사와 2군동사는 부정법 자체가 단순미래의 어간이 되며, 3군 동사의 어미 -re, -oir, -oire 등의 어미는 불규칙하게 변화한다. 단, être, avoir, faire, aller, acheter, appeler, mourir, devoir, pouvoir, recevoir, savoir, valoir, venir, voir, vouloir 등은 불규칙하게 변화한다.

단순미래의 어미

je ....**ai**		nous ....**ons**		
tu ....**as**		vous ....**ez**		
il ....**a**		ils ....**ont**		

	parler	finir	avoir	être	savoir
je	parler**ai**	finir**ai**	aur**ai**	ser**ai**	saur**ai**
tu	parler**as**	finir**as**	aur**as**	ser**as**	saur**as**
il	parler**a**	finir**a**	aur**a**	ser**a**	saur**a**
nous	parler**ons**	finir**ons**	aur**ons**	ser**ons**	saur**ons**
vous	parler**ez**	finir**ez**	aur**ez**	ser**ez**	saur**ez**
ils	parler**ont**	finir**ont**	aur**ont**	ser**ont**	saur**ont**

주의 a. 1군동사의 어미 발음 [e]가 미래가 되면 [ə]로 발음한다.
　　b. acheter, appeler, aller, faire, accueillir, devoir, mourir, pouvoir, recevoir, venir, voir, vouloir 등을 단순미래로 써보시오.

acheter	appeler	aller	faire	accueillir
j'ach**è**terai	j'appe**ll**erai	j'**ir**ai	je f**er**ai	j'accueill**er**ai
n. ach**è**terons	n. appe**ll**erons	n. **ir**ons	n. f**er**ons	n. accueill**er**ons

devoir	mourir	pouvoir	recevoir	venir
je dev**r**ai	je mou**rr**ai	je pou**rr**ai	je recev**r**ai	je v**iendr**ai
n. dev**r**ons	n. mou**rr**ons	n. pou**rr**ons	n. recev**r**ons	n. v**iendr**ons

voir : je v**err**ai　　vouloir : je vou**dr**ai
　　n. v**err**ons　　　　n. vou**dr**ons

(2) 용법

① 미래에 일어날 사실을 나타낸다.

    Elle **arrivera** à six heures. 그녀는 6시에 도착할 것이다.

② 어조를 부드럽게 하기 위하여 명령법을 직설법 대신 쓴다.

    Tu me **promettras** de ne mentir jamais.　　(부드러운 명령)
    다시는 거짓말을 안하겠다고 약속해라.
    Je vous **annoncerai** que j'ai perdu votre livre.(어조를 부드럽게)
    나는 당신의 책을 잃어버리고 말았습니다.

③ 의문을 나타내기 위하여 접속사 si 다음에 쓰인다.

    Je ne sais **s**'il **réussira**. 그가 성공할지 나는 모른다.

④ 현재에 대한 추측을 나타낸다. (avoir, être에 흔히 쓰인다)

    Il **sera** deux heures. 2시 일꺼야.

B. 변하는 의문대명사

(1) 형태

	주 어	속사. 접속보어	전치사가 붙은 보어
사람 및 사물	남 단수 lequel 성 복수 lesquels 여 단수 laquelle 성 복수 lesquelles	lequel lesquels laquelle lesquelles	auquel auxquels à laquelle auxquelles duquel de laquelle

(2) 용법

① 이미 말한 또는 앞에서 말한 명사를 대신하여「de+명사」의 한정어 앞에서 주어, 속사, 직접보어로서 직접의문이나 간접의문에 쓰 인다.

Lequel de ces enfants travaille le mieux?　　(주어)
　　이 아이들 중에서 누가 제일 공부를 잘 합니까?
　　Dis-moi **lequel** il est, ami ou ennemi?　　(속사)
　　그가 우리 편인지 적인지 말하라.
　　Laquelle de ces cravates choisissez-vous?　　(직접보어)
　　이 넥타이들 중에서 어느 것을 택하십니까?

② 「전치사+lequel」은 간접보어나 상황보어가 된다.

　　Auquel de ces élèves dois-je donner la fleur?　(간접보어)
　　나는 이 학생들 중에서 누구에게 꽃을 주어야 하나?
　　Par laquelle est-ce qu'on commence?　　(상황보어)
　　어느 것부터 시작할까?

③ 중성으로서 lequel은 부정법, 부사구 등을 대신한다.

　　Mourir ou survivre, **lequel** choisissez-vous?　　(부정법)
　　죽느냐 사느냐 어느 것을 택하겠소?

C. 근접미래 (Futur proche)

「**aller**+부정법(Infinitif)」은 가까운 미래를 나타낸다.

　　Nous **allons partir**. (=Nous partirons bientôt.)
　　우리는 곧 출발하려고 한다.

D. 근접과거 (Passé récent)

「**venir de**+부정법(Infinitif)」은 현재와 반과거형으로만 쓴다.

　　Il **vient d'arriver**. (=Il est arrivé tout à l'heure.)
　　그가 방금 도착했다.

2. 어휘 (Vocabulaire)

Elle est jolie, **n'est-ce pas?**	그녀는 예쁘다, 안 그래?
falloir+inf. ~해야 하다 → Il **faut lire**.	독서를 해야 한다.
penser à+명사	(inf. ~하는 것)을 생각하다.
Je **pense à faire** un voyage.	여행하는 것을 생각하다.
avoir raison 옳다 =/= avoir tort	나쁘다, 잘못이다
C'est une bonne idée.	좋은 생각이다.
avoir l'air+형용사	~처럼 보이다.
Elle **a l'air fatiguée**.	그녀가 피곤해 보인다.
premier =/= dernier, fort =/= faible	
ressembler à	~을 닮다, ~과 비슷하다
사람 + pauvre	가난한 사람
pauvre + 사람	불쌍한 사람
Qu'importe!	상관없다!

연습문제 (Exercices)

A. 동사를 미래와 근접미래로 쓰시오.

(1) Nous (sortir) ensemble.   (2) Ils (faire) une dictée.
(3) Robert (mettre) un habit neuf.   (4) Je (voyager) en bateau.
(5) Tu (avoir) un bon professeur.   (6) Vous (voir) la tour Eiffel.

B. 동사를 복합과거와 근접과거로 쓰시오.
    (1) Il (choisir) une robe blanche.   (2) Marie (descendre) de l'avion.
    (3) Vous (sortir) de la maison.   (4) Nous (boire) de l'eau.
    (5) Ils (lire) la leçon 16.   (6) Je (voir) un arbre.

C. ( )에 적당한 전치사를 쓰시오.
    (1) Il parle (   ) haute voix.   (2) Le mont est couvert (   ) neige.
    (3) Il a (   ) peine vingt ans.   (4) Je pense (   ) mes parents.
    (5) Elle n'obéit pas (   ) ses parents.

D. lequel, laquelle, à laquelle, duquel 중에서 알맞은 것을 쓰시오.
    (1) Choisissez un seul livre. (   ) de ces livres préférez-vous?
    (2) Voilà trois filles. (   ) est ton amie?
    (3) (   ) des deux dames avez-vous écrit?
    (4) (   ) de ces messieurs parlez-vous?

E. 단순미래를 사용하여 프랑스어로 쓰시오.
    (1) 나의 아저씨는 두 달 후에 돌아올 것이다.
    (2) 나는 서울에 남아 있지 않을 것이다.
    (3) 너는 언제 프랑스로 가겠느냐?
    (4) 나의 부모님은 내 공부에 만족하지 않으실 것이다.

회화 (Conversation)

A : Pardon, Monsieur, quel est le plus court chemin pour aller à la place de la Madeleine?

B : C'est bien simple ; descendez la rue de Coucelles, que vous voyez là,

vous tombez boulevard Haussmann, suivez-le jusqu'au boulevard Malesherbes, qui vous mènera tout droit à votre destination.
A : Merci beaucoup, c'est loin d'ici?
B : Oh, à pied il vous faudra bien un quart d'heure. Mais vous n'avez qu'à prendre l'autobus. Là-bas l'agent vous dira quel est celui qu'il vous faut.
A : Pardon, Monsieur l'agent, y a-t-il un autobus pour la Madeleine?
C : Mais oui, voyez, l'arrêt est devant le kiosque. Prenez un numéro d'ordre. Surtout ne vous trompez pas d'autobus.
A : Je vous remercie.
C : Il n'y a pas de quoi.

le plus court chemin 가장 가까운 길; tombez는 tomber '길이 ~로 통하다'의 현재 2인칭 복수; suivez [sɥive] suivre '따라가다'의 명령형 2인칭 복수; le는 boulevard Haussmann을 의미한다; mènera [mɛnʀa] mener [məne] '인도하다'의 미래 3인칭 단수; tout droit 똑바로; une destination 목적지; à pied [a pje] 걸어서; faudra [fɔdʀa] falloir '필요하다, 걸리다'의 미래 3인칭 단수; un quart d'heure 15분; n'avoir qu'à prendre l'autobus 오직 버스를 타야한다; un agent [aʒɑ̃] 경찰; celui qu'il vous faut 당신에게 필요한 것; un arrêt [aʀɛ] 정지, 정거장; un kiosque [kjɔsk] (신문, 잡지, 꽃) 가두판매점; numéro d'ordre 일련번호; surtout 특히, 무엇보다도; vous trompez는 대명동사 se tromper '잘못 생각하다'의 현재 2인칭 복수. il n'y a pas de quoi. 천만에

Lecture

Les souliers de Voltaire

Voltaire avait à son service un brave garçon, fidèle, mais paresseux. "Joseph, lui dit un jour son maître, apporte-moi mes souliers."
Joseph arrive tout empressé, et Voltaire remarque avec étonnement que

ses souliers portent encore la trace de sa sortie de la veille.

"Tu as oublié de brosser mes souliers, ce matin?

--Non, Monsieur, réplique Joseph, mais les rues sont pleines de boue, et dans deux heures vos souliers seront aussi sales qu'à présent."

Voltaire sourit, se chausse et s'en va (s'en aller) sans répondre.

Mais Joseph court après lui :

"Monsieur, dit-il, et la clef?

--La clef?

--Oui, la clef du buffet, pour déjeuner.

--Mon ami, à quoi bon déjeuner? Deux heures après tu auras aussi faim qu'à présent."

Depuis lors, Joseph cirait chaque jour les souliers de son maître.

LEÇON DIX-SEPT

LE CHEMIN DE FER

Georges va faire son premier voyage en chemin de fer. Papa est allé au guichet pour prendre les billets d'aller et retour. L'enfant se sent un peu seul dans la salle d'attente encombrée de voyageurs. Voici le quai ; que de monde!

"Pourrons-nous trouver une place?" se demande Georges avec inquiétude. Une sonnerie retentit : le train est annoncé. Un bruit formidable, un sifflement aigu et l'affreuse respiration d'un monstre qui approche. C'est le train qui arrive en gare ; des portières s'ouvrent et se referment en claquant ; des gens descendent, d'autres montent. Georges, encore tout étonné, se trouve dans un coin de compartiment et regarde son papa souriant, installé en face de lui.

le chemin de fer 철로, 기차; un voyage en chemin de fer 기차여행, à cheval 말을 타고, à bicyclette 자전거로; pour prendre= pour acheter 사기 위하여; un billet d'aller et retour 왕복표; l'enfant se sent un peu seul. 소년은 자기가 조금 외롭다고 느낀다, 이 대명동사는 il sent qu'il est un peu seul가 요약된 것으로 보통용법과는 약간 다르다; la salle d'attente encombrée de voyageurs 여객으로 가득 찬 대합실, encombrée de...=pleine de...=remplie de ...; voici le quai 여기가

플렛트홈이로구나; que de monde!=combien de gens! 사람이 많기도 하지!; le monde 세계, 세상, 사회, 사람들; pourrons pouvoir '할 수 있다'의 단순미래 1인칭 복수; trouver 찾아내다, 구하다, 얻다; se demander 생각해보다; avec inquiétude 불안하게, "전치사+무관사 추상명사"는 부사의 의미이다; une sonnerie 합주 종소리; rentendit retentir '메아리치다, 반향하다'의 현재 3인칭 단수; annoncé annoncer '알리다, 기별하다, 예고하다'의 p.p.; un bruit formidable, un sifflement aigu et l'affreuse respiration d'un monstre qui approche 다가오는 괴물의 무시무시한 소리; une portière 기차나 마차의 승강문; en claquant 부딪히는 소리를 내면서; d'autres=d'autres gens; tout étonné 매우 놀라서, tout는 부사로서 tout à fait '아주, 완전히' 의미; se trouver= être; un compartiment 열차의 칸; installé installer '정착시키다, 거주시키다, 취임시키다'의 p.p.

Un coup de sifflet, une petite secousse ; toute la gare défile de plus en plus vite. On est parti. Georges trouve maintenant que le voyage en chemin de fer est plus amusant que le voyage en auto.

Georges se tient collé à la vitre ; il ne la quitte pas. Devant lui, défile un paysage toujours nouveau. Du viaduc où le train roule, l'enfant s'étonne de voir les maisons si petites dans la vallée.

Une station où l'on ne s'arrête pas ; Georges se sent tout fier d'être dans un train express. Le paysage disparaît : le train vient de pénétrer dnas un tunnel. Voici de nouveau la campagne. Oh! un fleuve : la Seine, que l'on franchit par un pont métallique.

Soudain, le train ralentit, puis s'immobilise en pleine campagne. Le convoi est arrêté devant un disque rouge. Un bruit de chaînes grinçantes, le disque tourne. A petite vitesse d'abord, puis en accélérant peu à peu, le paysage se remet à fuir devant Georges. Que c'est amusant!

en face de ~의 맞은편에; un coup de sifflet 기적이 한 번 울리는 소리; une secousse 흔들림, 동요; défiler 열을 지어 지나가다; de plus en plus 더욱 더; trouver가 penser의 의미로 쓰였다; plus...que... '~보다 더 ~한' 의미의 우등비교급; amusant 재미있는, 즐거운; se tenir=être; collé à la vitre 유리창에 달라붙어 있는; un viaduc 육교, 구름다리; s'étonner de voir '보고 놀라다', de는 원인을 나타냄; un vallée 골짜기, 계곡; une station 작은 역, une gare 큰 역; se sentir (기분, 느낌이) ~하다, ~을 느끼다; fier 자랑스러운; un train express=un train rapide 급행열차; un paysage 경치; disparaît disparaître '사라지다'의 현재 3인칭 단수; "venir de+inf." '방금~ 했다'는 근접과거를 의미함; un tunnel 터널; de nouveau=encore une fois '다시'; franchir (도랑 따위를) 뛰어넘다; un pont métallique 철교; ralentit ralentir '(움직임, 전진을) 늦추다, 지연시키다'의 현재 3인칭 단수; s'immobiliser 움직이지 않게 되다, 정지하다; en pleine campagne 벌판 한 가운데; un convoi 수송차, 열차; un disque rouge 신호등; à petite vitesse 작은 속도로; d'abord 처음에는, 우선; accélérer (속도, 운동을) 빨리하다; peu à peu 차츰 차츰; se remettre à+inf. 다시~하기 시작하다; Que c'est amusant! 얼마나 재미 있는가! 여기서 que=comme로 감탄의 의미이다.

1. 발음 (Prononciation)

중자음 (Doubles consonnes) : 중자음은 하나의 자음처럼 발음한다.

affamé [afame], appel [apɛl], arrivée [arive], attaque [atak]

예외 두 자음을 모두 발음하는 단어들.
accent [aksã], accident [aksidɑ], ennuui [ɑ̃nɥi],
emmener [ɑ̃mne], immortel [immɔʀtɛl], suggérer [sygʒeʀe]

2. 문법 (Grammaire)

A. 대명동사 (Verbes pronominaux)

주어와 동일한 것을 의미하는 재귀대명사 'se'를 동반하는 동사를 대명동사라 한다.

(1) 재귀대명사 'se'

동사 직전에 놓이며 인칭과 수에 따라서 me(m'), te(t'), se(s'), nous, vous, se(s')로 변하며 부정법에서는 se(s')를 쓴다.

① 긍정형 : se lever [ləve] 일어나다

Je **me** lève. [lɛv]	Nous **nous** levons. [ləvɔ̃]
Tu **te** lèves. [lɛv]	Vous **vous** levez. [ləve]
Il **se** lève. [lɛv]	Ils **se** lèvent. [lɛv]
Elle **se** lève. [lɛv]	Elles **se** lèvent. [lɛv]

② 부정형 : 대명동사는 ne와 pas 사이에 놓인다.

Je **ne** me lève **pas**.	Nous **ne** nous levons **pas**.
Tu **ne** te lèves **pas**.	Vous **ne** vous levez **pas**.
Il **ne** se lève **pas**.	Ils **ne** se lèvent **pas**.
Elle **ne** se lève **pas**.	Elle **ne** se lèvent **pas**.

③ 의문형 : 재귀대명사는 긍정명령을 제외하고 동사 직전에 놓인다.

Me lève-je?	**Nous** levons-nous?
Te lèves-tu?	**Vous** levez-vous?
Se lève-t‿il?	**Se** lèvent‿ils?
Se lève-t‿elle?	**Se** lèvent‿elles?

④ 명령형 : 긍정명령에서 재귀대명사는 동사 직후에 놓여 연결선으로 연결되고, 부정명령에서는 동사 직전에 놓인다. 'te'는 동사 뒤에서 'toi'로 된다.

Lève-toi.	일어나라.	Ne **te lève** pas.	일어나지 마라.
Levons-nous.	일어납시다.	Ne **nous levons** pas.	일어나지 맙시다.
Levez-vous.	일어나시오.	Ne **vous levez** pas.	일어나지 마시오.

⑤ 대명동사의 복합과거

être를 조동사로 하며 'se'가 직접보어일 때에만 과거분사가 주어의 성. 수에 일치한다.

se lever 일어나다(se 직접보어)

je **me** suis levé(**e**)	nous **nous** sommes levé(**e**)**s**
tu t'es levé(**e**)	vous **vous** êtes levé(**e, s, es**)
il **s**'est levé	ils **se** sont levé**s**
elle **s**'est levé**e**	elles **se** sont levé**es**

se dire 혼자(서로) 말하다(se 간접보어)

je **me** suis dit	nous **nous** sommes dit
tu t'es dit	vous **vous** êtes dit
il **s**'est dit	ils **se** sont dit
elle **s**'est dit	elles **se** sont dit

> **주의** a. 대개 사람을 직접보어로 취하는 동사의 'se'는 직접보어 이고, 사람을 간접보어로 취하는 동사의 'se'는 간접보어 이다. 즉, se lever의 lever가 "~을 일으키다" 이므로 'se'가 직접보어이고, se dire의 dire는 "~에게 말하다" 이므로 'se'가 간접보어이다.
> b. 대명동사가 부정법으로 쓰일 때 'se'는 의미상의 주어에 따라 변한다.
> Je veux **me rendre** en France. 나는 프랑스에 가고 싶다.
> (rendre의 의미상의 주어는 je이므로 se가 me로 변함.)

B. 대명동사의 종류

(1) 재귀적 대명동사 : 주어가 행하는 동작이 주어에게 되돌아가는 동사이며, 이때 재귀대명사는 직접보어나 간접보어가 된다.

Elle **se promène** tous les matins.   (se는 직접보어)

그녀는 매일 아침 산책을 한다.
Il **se vante** de sa fortune.　　　　　(se는 간접보어)
그는 자기 재산을 자랑한다.

(2) 상호적 대명동사 : 주어는 복수이며 'se'는 직접과 간접보어가 된다.

Ils **s**'aiment (l'un l'autre). 그들은 서로 사랑한다.　(se 직접보어)
Elles **se** sont écrit des lettres(l'une à l'autre).　(se는 간접보어)
그녀들은 서로 편지를 주고 받았다.

> **참고**　'상호'의 의미를 명확히 하기 위하여 'l'un l'autre, 서로 (를)', 'l'un à l'autre, 서로에게'를 첨가하는 경우가 있다.

(3) 수동적 대명동사
능동동사가 대명동사의 형태를 취하여 수동의 뜻을 갖는 것으로, 주어는 일반적으로 사물이며, 항상 3인칭에서만 사용되고 동작주를 쓰지 않는 것이 보통이다.

Cette expression **s'emploie** couramment.
이 표현은 일반적으로 사용된다.
Cet article **se vend** partout.
이 물건은 어디서나 팔리고 있다.

(4) 본래적 대명동사
재귀대명사가 아무 뜻 없이 쓰여 목적보어로 생각할 수 없으며 문법상 'se'는 흔히 직접보어로 본다.

Elles **s'en sont** allé**es**.　　그녀들은 가버렸다.
Je **m'en doute**.　　　　　　나는 그럴 거라고 생각한다.

"s'en aller 가버리다, s'enfuir 도망가다, s'envoler 날아가다, s'en venir

오다, se fâcher 화내다, s'étonner 놀라다, s'éveiller 깨다, s'apercevoir de 알아차리다, se moquer de 조롱하다, se tromper 틀리다, se taire 입다물다, se servir de 사용하다" 등이 있다.

C. 형용사와 부사의 비교급

(1) 우등비교 : plus + 형용사, 부사 + que ~보다 더 ~한

    Paul est **plus** âgé **que** Jean.   뽈은 장보다 나이가 더 많다.
    Il marche **plus** vite **que** moi.   그는 나보다 더 빨리 걷는다.

(2) 열등비교급 : moins + 형용사, 부사 + que ~보다 덜(못)~한

    Jean est **moins** âgé **que** Paul.   장은 뽈보다 나이가 어리다.
    Il marche **moins** vite **que** moi.   그는 나보다 느리게 걷는다.

(3) 동등비교 : aussi + 형용사, 부사 + que ~만큼~한

    Marie est **aussi** jolie **que** Cécile. 마리는 쎄실만큼 예쁘다.
    Elle court **aussi** vite **que** moi.   그녀는 나만큼 빨리 뛴다.

D. 특수한 비교급을 취하는 형용사들과 부사

형용사와 부사	비교급
bon 좋은	meilleur 더 좋은
mauvais 나쁜	pire 더 나쁜 / plus mauvais
petit 작은	moindre 더 작은 / plus petit
bien 잘	mieux 더 잘

Suzanne est **meilleure** que Françoise.

슈잔느가 프랑스와즈보다 더 낫다.

Henri travaille **mieux** que Georges.

앙리는 죠르즈보다 공부를 더 잘 한다.

> **주의** plus mauvais와 plus petit는 구체적인 것에, pire와 moindre는 추상적인 것에 쓴다.
>
> Sa tristesse n'est pas **moindre** que la mienne.
> 그의 슬픔은 나의 것보다 더했지 못하지 않다.
> Ce pays est **plus petit** que celui-là.
> 이 나라는 저 나라보다 더 적다.

E. 명사의 비교급

(1) 우등비교 : plus de +복수명사 + que ~보다 더~

J'ai **plus de livres** que lui.
나는 그보다 책을 더 가지고 있다.
Elle a **plus de poupées** que moi.
그녀는 나보다 인형을 더 가지고 있다.

(2) 열등비교 : moins de + 복수명사 + que ~보다 덜~

J'ai **moins de livres** que lui.
나는 그보다 책을 덜 가지고 있다.
Elle a **moins de poupées** que moi.
그녀는 나보다 인형을 덜 가지고 있다.

F. 「의문사 + 부정법」

Comment faire? (=Comment dois-je faire?)
Que faire?=Que dois-je faire?
Où aller?=Où dois-je aller?
Pourquoi répondre? (=Pourquoi dois-je répondre?)

3. 어휘 (Vocabulaire)

un voyage en chemin de fer	기차여행
la salle d'attente	대합실
un billet d'aller et retour	왕복표
avec inquiétude	불안스럽게
tout étonné	매우 놀라서
se trouver = être	있다.
de plus en plus	더욱 더
se tenir = être	(어떤 상태로) 있다
de nouveau= encore une fois	다시
à petite vitesse	작은 속도로
en pleine campagne	벌판 한 가운데
d'abord	우선, 처음에, 맨 먼저
peu à peu	차츰 차츰
se remettre à+inf.	다시~하기 시작하다
Que c'est amusant!	얼마나 재미있는가!

연습문제 (Exercices)

A. (　)의 동사를 알맞은 과거분사로 쓰시오.

(1) Maman a réveillé Marie, mais elle s'est (lever) tard.
(2) Elles se sont (battre) tous les jours.
(3) Nous nous sommes (dire) l'un à l'autre.

(4) Ils s'en sont (aller).

B. 명사와 형용사를 이용하여 보기와 같이 문장을 만드시오.

> maison, grand,
> → Cette maison-ci est plus grnade que celle-là.

(1) jardin, large.　　(2) livres, bon.　　(3) rue, étroit.
(4) train, rapide.　　(5) poires, gros.　　(6) gomme, mou.

C. 주어진 낱말을 이용하여 프랑스어로 쓰시오.
  (1) 나의 아버지는 나의 어머니보다 나이가 더 많으시다.
      (나이가 많은 = âgé 또는 plus vieux)
  (2) 그들은 그녀들보다 더 잘 읽는다.
  (3) 오늘은 어제보다 덜 춥다.
  (4) 이 소년은 저 소년만큼 똑똑하지 않다.

D. 밑줄 친 명사를 인칭대명사로 바꾸고, 동사를 지시한 시제로 변화시키어 문장을 다시 쓰시오.

> Nous (regarder) cet homme-là. → Nous le regardons.

(1) Nous (voir) ce film-là. (미래)
(2) Je (faire) tout. (복합과거)
(3) Elle (emmener) ses enfants au marché. (미래)
(4) Il (annoncer) la nouvelle à sa femme. (근접미래)
(5) Nous (ne manger rien). (복합과거)
(6) Je (ne dire pas) mon nom au concierge. (복합과거)
(7) Il (préférer) la rose aux autres fleurs. (현재)

회화 (Conversation)

A : Pardon, Mademoiselle, le rayon des gants?
B : Là-bas à gauche, Madame, derrière le comptoir aux rubans.
A : C'est bien ici rayon des gants?
B : Mais oui, Madame, quel genre vous faut-il? Ville, soirée, sport?
A : D'abord du bon chevreau noir pour mes courses. Voulez-vous vérifier ma pointure?
C : Voilà, Madame : Six et demi. Voici ce qu'il vous faut, je crois.
A : Ah oui, très bien. Maintenant, y a-t-il quelque chose de plus léger? Et cela fait combien?
C : Voici votre fiche, voulez-vous payer à la caisse, là-bas?
A : Et maintenant où est le rayon de la bonneterie?
C : Je vais vous montrer...Par ici, Madame, voyez, là-bas au fond à gauche.

un rayon 빛, 판매장; un gant 장갑; un comptoir 카운터; un ruban (장식용의) 리본; un genre 종류; Quel genre vous faut-il? 어떤 종류가 필요합니까?; une ville 도시, 외출용; une soirée 저녁, 야회용; un sport 스포츠, 스포츠용; d'abord 우선, 맨 먼저; un chevreau 염소새끼, 염소가죽; noir 검은; une course 달리기; vérifier 확인하다, 검사하다; une pointure 사이즈; léger(ère) 가벼운, 날씬한; Cela fait combien? 얼마입니까?; une fiche 못, 전표; une caisse 상자, 카운터; une bonneterie 양품류, au fond 끝에

Lecture I

PAUVRE MAMAN MA!

Pauvre maman Ma! Elle est petite, petite. Tous ses enfants sont plus grands qu'elle. Pour les embrasser, elle se soulève sur la pointe des pieds et tend le cou. C'est dans cette attitude que je l'aperçois lorsque je pense à elle.

Je ne suis plus un jeune homme. Les cheveux qui me restent blanchissent rapidement. Et, pourtant, Maman Ma m'embrasse toujours comme si j'étais encore son petit garçon aux joues fraîches.

Je l'embrasse à mon tour et je m'échappe. Trop vite, car elle dit humblement : "Encore un ! Encore un !"

Je l'embrasse une fois de plus. Je ne suis pas un fils très tendre.

Je serai puni.

Lecture II

Le départ pout Kyongju

Un peu plus tard, les Durand viennent prendre Monsieur Kim et Sounam, et ils partent à onze heures.

Il fait moins chaud qu'hier, mais le thermomètre marque déjà trente degrés. Sur l'autoroute, Monsieur Durand conduit avec prudence. Madame Durand semble très heureuse à côté de lui.

Mais Paul, lui, est mécontent de la lenteur de l'auto et demande à son père: "Papa, est-ce que tu ne peux pas aller plus vite?

-- Non. La route n'est pas très solide, et puis, ne vois-tu pas ces nombreuses voitures devant et derrière nous? Il faut faire bien attention."

L'auto continue à rouler dans un beau paysage de champs, de rizières et de coteaux. A paritr de Taejon, la route se met à devenir meilleur, mais Monsieur Durand est toujours aussi prudent qu'avant. Ils arrivent à cinq heures et demie, et descendent dans un petit hôtel non loin de Bulkuksa.

LEÇON DIX-HUIT

Le Départ

Aujourd'hui la famille Lenoir va faire un voyage en chemin de fer. On a dit aux enfants d'être prêts à sept heures du matin. Hélène, s'étant levée de bonne heure, aide déjà sa mère à préparer le petit déjeuner. Monsieur Lenoir vient de descendre et se met à lire le journal.

Arthur est encore au lit. Il fait un beau rêve. Il voit une belle dame qui pleure au sommet d'une haute tour. On l'a enfermée en prison et il lui est impossible de s'échapper. Arthur voudrait la délivrer. Il lui crie de sauter dans ses bras. Tout à coup il entend son père crier : --Arthur, dépêche-toi de descendre.

Immédiatement Arthur saute du lit. Il n'a pas le temps de prendre son bain. Il se met à s'habiller en toute hâte. Il a peur d'être en retard.

---

dire à quelqu'un de 어떤 이에게 ~하라고 말하다; On a dit aux enfants d'être prêts à sept heures. 어린애들에게 7시에 준비하고 있으라고 말했다; s'étant levée de bonne heure 일찍이 일어나서; aider qn+à+inf. ~가 ~하는 것을 돕다; faire un rêve 꿈을 꾸다=faire un songe; enfermer en prison 감옥에 가두다; Il lui est impossible de s'échapper. 도망치는 것은 그녀에게 불가능하다. il은 비인칭 주어이고 s'échapper(도망치다)가 진주어이다; crier à quelqu'un 어떤 이에게

~하라고 외치다; tout à coup=soudain 갑자기; Il entend son père crier 그는 아버지가 외치는 것을 듣는다, son père crier는 부정법절; se dépêcher de+inf. 서둘러서 ~하다= se hâter de+inf.; le temps de prendre son bain 목욕할 시간; en hâte 서둘러서, en toute hâte 불야불야; Il a peur d'être en retard. 그는 늦을까 걱정한다.

Son père commence à s'impatienter et continue à crier: --Arthur, je te dis de te dépêcher. Nous sommes tous prêts à partir, sauf toi. Mais tu n'es pas obligé de venir avec nous. Personne ne t'empêche de rester à la maison. Nous serons heureux de partir sans toi. Bientôt on entend Arthur descendre l'escalier quatre à quatre. Madame Lenoir cherche le chien : --Où est Toutou? --Je l'ai vu sortir il y a un instant, dit Hélène. Je vais essayer de le trouver.

A ce moment on entend le taxi que Monsieur Lenoir a fait appeler.

--Il est temps de partir, dit Monsieur Lenoir. Le train est à huit heures, et il partira sans nous attendre.

Le taxi part à toute vitesse, avec Toutou qui a réussi à se cacher dans la voiture. On venait d'arriver à la gare lorsque Madame Lenoir se met à crier. --J'ai oublié d'éteindre la gaz à la cuisine! --Nous n'avons pas une minute à perdre, dit Monsieur Lenoir. Dépêchons--nous de monter en wagon.

제18과

commencer à+inf. ~하기를 시작하다; s'impatienter 참지 못하다, 초조해 하다; continuer à+inf. ~하는 것을 계속하다; tous prêts à+inf. ~할 준비가 된, 여기서 tous는 '모두' 의미의 대명사로 [tus]로 발음한다; sauf toi=excepté toi 너를 제외하고; être obligé de+inf. 하지 않으면 안되다; empêcher quelqu'un de+inf. 어떤 이가 ~하는 것을 막다; être heureux de ~ 하여서 기쁘다; descendre l'escalier quatre à quatre 계단을 네 계단씩 뛰어내리다; il y a un instant 조금

LEÇON DIX-HUIT: Le Départ | 167

전에, 반대는 dans un instant 조금 뒤에; essayer de+inf. ~해보 다; à ce moment 그 때에; il est temps de+inf. ~할 시간이다; à toute vitesse 전속력으로; réussir à+inf. ~하는 것을 성공하다; venir de+inf. 방금~ 했다'의 근접과거; se mettre à+inf. ~하기를 시작하다; éteindre (j'éteins, tu éteins, il éteint, nous éteignons, vous éteignez, ils éteignent, p.p. éteint) (불, 등, 가스, 라디오 등을) 끄다; la cuisine 주방; oublier de+inf. ~하는 것을 잊다; une minute à perdre 허비할 시간, 「à+부정법」은 '~할' 의미이다, un devoir à + faire ~해야 할 숙제; un wagon [vagɔ̃] (기차의) 차량

1. 문법 (Grammaire)

A. 관계대명사 QUI와 QUE

(1) QUI :「선행사(사람, 사물)+qui+동사」는 주어,「전치사+qui」는 간접보어, 상황보어, 선행사 없이 celui qui, ce qui 등은 quiconque의 의미로 쓰인다.

    Je connais la dame **qui** est venue hier.   (주어)
    어제 온 부인을 나는 안다.
    Les livres **qui** sont sur la table sont à moi.   (주어)
    책상 위에 있는 책들은 나의 것이다.
    N'achetez pas **ce qui** est trop cher.   (주어)
    너무 비싼 것을 사지 마시오.
    Celui **à qui** je pense. 내가 생각하는 사람.   (간접보어)
    J'aime **qui** m'aime. (qui=celui qui)   (직접보어)
    나는 나를 사랑하는 사람을 사랑한다.

(2)「선행사(사람)+전치사+qui+주어+동사」로 à qui, de qui 등은 간접보어로, avec qui, par qui 등은 상황보어로 쓰이며 사람만을 가리킨다.

Le chef **à qui** j'obéis. 내가 복종하는 두목.	(간접보어)
L'homme **de qui** j'ai reçu une lettre.	(상황보어)
내가 편지를 받은 사람.	
L'homme **avec qui** je travaille.	(상황보어)
나와 함께 일하는 사람.	
La tante **chez qui** je loge.	(상황보어)
내가 그의 댁에 유숙하는 아주머니.	

(3) Que : 「선행사(사람, 사물)+que+주어+타동사, 자동사」로 직접보어, 속사, 부사적 보어 등으로 쓰인다.

Le chien **que** je vois. 내가 보는 개.	(직접보어)
Personne ne vient plus voir le malade **que** je suis.	(속사)
아픈 나를 보러 오는 사람이 이제는 아무도 없다.	
Le jour **qu**'il est né. 내가 태어난 날.	(부사적 보어, 시간)

주의 시간을 의미하는 que는 où와 같다.

B. 명령법 (Impératif)

(1) 형태 : 명령법은 2인칭 단수, 1인칭 복수, 2인칭 복수에만 주로 쓰이며 2인칭 단수의 어미가 'es'일 때 's'를 생략한다.

	parler	finir	sortir
2인칭 단수 :	parl**e**	fin**is**	sor**s**
1인칭 복수 :	parl**ons**	fin**issons**	sort**ons**
2인칭 복수 :	parl**ez**	fin**issez**	sort**ez**

(2) 용법

① 보통 명령을 나타낸다.

Travaille, mon enfant.   애야 공부해라.

Soyons silencieux. 조용히 합시다.
Prenez cela. 그것을 잡으시오.

② 조건을 나타낸다.

Cherchez et vous trouverez. 구하라, 그리하면 얻을 것이다.
(=Si vous cherchez, vous trouverez.)

>[예외] a. avoir, être, savoir, vouloir 등은 다음과 같이 변한다.

	2인칭 단수	1인칭 복수	2인칭 복수
avoir :	aie	ayons	ayez
être :	sois	soyons	soyez
savoir :	sache	sachons	sachez
vouloir :	veuille	veuillons	veuillez

b. aller의 명령법 2인칭 단수도 어미 's'를 생략한다.
   Tu vas. → **Va**.　　cf. Tu y vas. → **Vas-y**.

c. 부정명령문은 부정문의 주어를 생략한 형태이다.
   Tu ne manges pas cela. → **Ne mange pas cela**.

d. 「명령법+P.P.」인 명령법 전미래는 어떤 일을 일정한 미래 이전에 마칠 것을 요구하는 것이다.
   Ayez terminé ce travail avant demain.
   내일 안에 이 일을 끝내야 합니다.

C. 부정법 (Infinitif)

(1) 형태

부정법은 동사의 원형으로 때와 인칭 수에 따라 변함없이 절대적으로 쓰이며 일반적으로 사역(faire), 방임(laisser), 지각(voir) 등의 동사들은 부정법을 쓴다. 다음과 같은 동사들은 명사로 고정되어 남성명사로 취급된다.

(2) 용법

① 주동사의 주어가 부정법의 주어이다.

    Je veux la <u>voir</u>. 나는 그녀를 보고 싶다.   (Je가 voir의 주어)
    Je vous promets <u>de</u> vous <u>acheter</u> une belle robe.
                                         (Je가 acheter의 주어)
    나는 당신에게 아름다운 드레스 한 벌을 사줄 것을 약속하오.

② 직접보어나 간접보어가 부정법의 주어가 된다.

    Madame, je <u>vous</u> prie de venir chez moi.
    부인, 저의 집에 와 주십시오.   (직접보어 vous가 venir의 주어)
    Il <u>m</u>'a demandé de lui écrire.   (간접보어 me가 écrire의 주어)
    그는 내가 그에게 편지해 줄 것을 부탁했다.

    Je { fais / laisse <u>partir</u> des enfants. / vois }

    나는 아이들이 { 출발하도록 한다. / 출발하게 한다. / 출발하는 것을 본다. }

단, 부정법의 목적어가 있을 때는 「à나 par+부정법의 주어」로 쓴다.

    Je { fais / laisse <u>cueillir</u> des fleurs **à (혹은 par) ces enfants**. / vois }

    나는 이 아이들이 꽃을 { 따게 한다. / 따게 놔 둔다 / 따는 것을 본다. }

③ 부정법은 주어, 속사, 명사의 보어로 쓰인다.

    <u>Vivre</u> est souffrir.   사는 것은 괴로운 것이다.   (주어)
    Abuser n'est pas <u>user</u>. 남용은 사용이 아니다.   (속사)

LEÇON DIX-HUIT: Le Départ | 171

Il est l'heure de sortir.   외출할 시간이다.   (명사의 보어)
Je crois avoir tort.   내가 틀렸다고 생각한다.   (직접보어)
L'avion se mit à voler. 비행기가 날기 시작했다.   (간접보어)

④ 부정법은 동사로서 의문, 감정, 명령을 표현한다.

Que faire? (=Que dois-je faire?) 어떻게 하면 좋을까?   (의문)
Moi, le trahir! 내가 그를 배반하다니!   (감정)
Ne pas fumer. 금연   (명령)

(3) 부정법의 시제

① 현재 : 부정법이 주동사와 완전히 같은 시제를 나타낸다고 할 수 없으며 동사의 종류, 의미, 문장의 구조를 보아 판단해야 한다.

Il croit le voir.   (=Il croit qu'il le **voit**.)   (직설법 현재)
Il croyait le voir. (=il croyait qu'il le **voyait**)   (직설법 반과거)
Il espère venir.   (=Il espère qu'il **viendra**.)   (직설법 미래)
Il espérait venir. (=Il espérait qu'il **viendrait**.)
                                      (과거에 있어서 미래)
Il vous faut partir. (=Il faut que vous **partiez**.)   (접속법 현재)
Il vous fallait partir. (=Il fallait que vous **partissiez**.)
                                       (접속법 반과거)

② 과거 : 부정법 과거는 주동사의 동작에 앞선 동작을 나타낸다.

Il croit l'avoir vu.
(=Il croit **qu'il l'a vu.**)   (직설법 복합과거)
Après avoir fini le travail, je suis allé en promenade.
(=Quand j'**avais fini**...)   (직설법 대과거)
Il espère être arrivé ce soir.
(=Il espère qu'il **sera arrivé** ce soir.)   (직설법 전미래)

Il espérait être arrivé avant la pluie.
(=Il espérait qu'il **serait arrivé** avant la pluie.)　　(조건법과거)
Il lui a fallu avoir fini son travail avant six heures.
(=Il a fallu qu'il **ait fini** son travail...)　　(접속법 과거)
Il lui aurait fallu avoir fini son travail avant six heures.
(=Il aurait fallu qu'il **eût fini**...)　　(접속법 대과거)

D. 불규칙변화 동사

	éteindre (불, 가스, 라디오를)끄다	perdre 잃다
j'	éteins	perds
tu	éteins	perds
il	éteint	perd
nous	éteignons	perdons
vous	éteignez	perdez
ils	éteignent	perdent
현재분사 :	éteignant	perdant
과거분사 :	éteint	perdu

2. 어휘 (Vocabulaire)

être prêt à+inf.	할 준비가 되다
de bonne heure	일찍
aider à+inf.	~하는 것을 돕다
se mettre à+inf.	~하기 시작하다
tout à coup = soudain	갑자기
prendre le bain	샤워하다
en toute hâte	부랴부랴

LEÇON DIX-HUIT: Le Départ

commencer à+inf.	~하기 시작하다
avoir peur de+명사, inf.	~을 겁내다, 걱정하다
continuer à+inf.	~하기를 계속하다
tous [tus]	모두
être obligé de+inf.	~하지 않으면 안 되다
il y a un instant	조금 전에
à ce moment	그 때에
l'escalier quatre à quatre	계단을 네 계단씩
il est temps de partir.	출발할 시간이다
à toute vitesse	전속력으로
oublier de+inf.	~하기를 잊다
une minute à perdre	잃을(허비할) 1분

연습문제 (Exercices)

A. (   )에 알맞은 관계대명사를 쓰시오.

  (1) Je connais ce garçon (   ) vient là.

  (2) J'aime (   ) m'aime.

  (3) Celui (   ) tu penses est ton père.

  (4) C'est l'homme (   ) j'ai reçu cette lettre.

  (5) C'est le dictionnaire (   ) j'ai acheté hier.

  (6) Je sais (   ) vous parlez.

B. 밑줄 친 부정법을 절로 고쳐 다시 쓰시오.

  (1) Que <u>faire</u>?   (2) Je crois <u>la voir</u>.

(3) Je croyait <u>la voir</u>.   (4) J'espère <u>venir</u>.
(5) J'espérais <u>venir</u>.   (6) Il vous faut <u>partir</u>.

C. ( ) 안의 동사를 변화시켜 명령문으로 쓰시오.

(1) Nous (se lever) en deux minutes.
(2) Vous (se coucher) vite.
(3) Tu (ne se laver pas) ici.
(4) Tu (avoir) ce livre.
(5) Tu (y aller).
(6) Nous (savoir) ce fait.

회화 (Conversation)

A : A quelle heure vous levez-vous quand vous êtes á la campagne?
B : Généralement à six heures.
A : Oh! vous vous levez de bonne heure! Et que faites-vous?
B : Je marche sur les champs qui sont auprès de la maison.
A : Et quand il fait mauvais temps?
B : Alors je lis des livres dans ma chambre.
A : Et qu'avez-vous comme distraction?
B : Oh, quand il fait beau, je vais souvent à la pêche à la rivière pas loin de la maison.

généralement 일반적으로, de bonne heure 일찍; les champs 들판; auprès de ~ 의 곁에, quand il fait mauvais temps 날씨가 좋지 않을 때 comme distraction 오락으로서; aller à la pêche 낚시질 가다.

Lecture

Poil de Carotte   D'après Jules Renard

La famille Lepic a trois enfants, Félix, le favori de sa mère, Ernestine, petite fille timide, et Poile de Carotte, qu'on appelle ainsi parce qu'il a les cheveux rouges. Poile de Carotte est très laid. Sa mère ne l'aime pas beaucoup. Un soir avant de se coucher Madame Lepic dit à Félix:

"Je crois que la servante a oublié d'enfermer les poules. Va le faire." Mais Félix refuse en disant:

"Je ne suis pas ici pour m'occuper des poules."

Ernestine refuse aussi de sortir. Elle dit qu'elle a peur parce qu'il fait si noir dehors. Alors Madame Lepic crie:

"Poile de Carotte, va enfermer les poules!"

"Mais maman, j'ai peur aussi." dit le petit garçon.

"Comment? Dépêche-toi, s'il te plaît, ou je te bats!"

"Oh ! lui, il ne craint rien ni personnes!" ajoute Félix.

Poil de Carotte est flatté par les paroles de Félix et il part. Sa soeur l'accompagne avec une lampe jusqu'au bout du corridor.

LEÇON DIX-NEUF

Arthur et Sa Maman

Arthur s'est levé à sept heures et demie. Il s'est habillé en une demi-heure. Il a déjeuné à huit heures, puis à neuf heures moins le quart il est descendu en ville avec sa mère.

Comme ils ont pris le tramway, ils sont arrivés en vingt minutes aux grands magasins. Arthur avait besoin d'un complet neuf. Il en voulait un fait sur mesure par un tailleur, mais sa mère lui a dit que les vêtements tout faits étaient assez bon pour lui. Notre jeune homme a essayé plusieur complets qui étaient tous trop larges ou trop étroits. Sa mère lui a dit :

--Choisis le vêtement le meilleur qui te va bien.

s'est levé는 se lever '일어나다'의 복합과거 3인칭 단수; en (시간에) 에, 에서, 걸려서; demi '半'은 여성명사 뒤에서만 여성변화 한다, cf. demi-heure 반시간; s'est habillé는 s'habiller '옷을 입다'의 복합과거 3인칭 단수; moins le quart 15분 전; est descendu는 descendre '내려오다(가다), 내리다'의 복합과거 3인칭 단수; comme (ad.) ~와 같이, ~처럼, (conj.) ~이므로, ~때문에; ont pris는 prendre '잡다, 타다'의 복합과거 3인칭 단수; un tamway [tʀamwɛ] 시가철도, 전차; sont arrivés는 arriver '도착하다'의 복합과거 3인칭 복수; 「avoir besoin de+명사」 ~이 필요하다; un magasin 상점; un complet 양복 한 벌; neuf 새로운 (명사 뒤에만 쓰임); en은 「de+un complet」를 의미하는 중성대명사; voulait는

제19과

vouloir '원하다'의 반과거 3인칭 단수; un complet fait sur mesure 주문하여 만든 옷 한 벌; par는 fait sur mesure의 fait가 수동의 뜻을 가졌기 때문에 fait의 동작주보어인 un tailleur 앞에 쓰였다; que 뒤의 절을 연결해 주는 접속사; le vêtement tout fait 기성복; assez...pour~ 하는데 충분한; a essayé는 essayer '시험하다'의 복합과거 3인칭 단수; plusieurs [plyzjœːR] 몇몇의, 약간; tous [tus] '모든 것' les vêtements을 의미하는 부정대명사; trop 너무; large [laRʒ] 넓은, 헐렁한; étroit [etRwa] 좁은, (옷) 꼭 끼는; choisis '선택하라'는 choisir의 2인칭 단수 명령형; le meilleur '가장 좋은' bon의 최상급; qui 관계대명사 주격; te va bien 너에게 잘 어울리다.

Enfin il en a choisi un qui lui allait assez bien. Madame Lenoir, la mère d'Arthur voulait rentrer, mais Arthur n'avait pas l'air content.

--Qu'est-ce qu'il y a, mon enfant? Est-ce que tu ne te sens pas bien?

--Je ne me sens pas très bien. J'ai chaud. Je sens que mon estomac a besoin de quelques choses.

Je crois qu'une glace lui fera du bien.

--Tu as tort, Arthur. Si tu as faim, nous allons rentrer tout de suite. Il est temps de déjeuner.

--Mais non, maman ; je n'ai ni faim ni soif et il est encore trot tôt pour déjeuner. Quelle heure est-il?

Il n'est que midi moins vingt-cinq.

--Ta montre retarde.

--Mais non, maman, au contraire, elle avance d'un quart d'heure, je ne mens pas. Regarde la mienne.

Elle ne ment pas non plus. Il est déjà midi.

--Rentrons. Dépêchons-nous.

enfin 결국, 마침내; en 'des vêtements' (양복들 중에서)란 의미의 중성대명사; qui 관계대명사 주격; lui allait assez bien 그에게 아주 잘 어울리는; rentrer 돌아가다; 「avoir l'air+형용사」=sembler ~처럼 보이다; qu'est-ce qu'il y a? 웬일이냐? 왜 그러느냐?; te sens은 se sentir bien '기분이 좋다'의 현재 2인칭 단수; avoir chaud 덥다; avoir besoin de ~이 필요하다; un estomac [ɛstɔma] 위(胃); crois는 croire '믿다, 확신하다'의 현재 3인칭 단수; une glace 얼음, 아이스크림; fera du bien à '~에게 유익하다'의 단순미래 3인칭 단수; avoir tort 생각이 틀리다; avoir faim 배가 고프다; tout de suite 곧; 「il est temps de+동사」 ~할 시간이다; 「ne..ni..ni..」 ~도 ~도 아니다; 「trop+ 형용사. 부사+pour+inf」 ~하기에 너무나 ~하다; retarder 늦추다, 늦어지다; au contraire 그 반대로; avancer 앞서다 un quart d'heure 15분; mens은 mentir '거짓말하다'의 현재 1인칭 단수; regarde는 regarder '보다'의 명령법 2인칭 단수; la mienne는 ma montre를 의미하는 소유대명사 1인칭 단수; non plus 또한 ~도 아니다; dépêchons-nous는 se dépêcher '서두르다'의 명령형

1. 문법 (Grammaire)

A. 중성대명사 EN

「de+명사」 또는 de의 의미를 갖는 경우의 말을 대신하여 긍정명령을 제외한 모든 경우에 동사 앞에 놓인다.

(1) 「de+명사」의 상황보어구, 명사의 한정보어를 대신한다.

Nous sommes arrivés de Paris. 우리는 파리에서 왔다.
→ Nous **en** sommes arrivés.   (부사적 용법)
Il a reçu la lettre du Japon. 그는 일본에서 온 편지를 받았다.
→ Il **en** a reçu la lettre.   (명사의 한정보어)
J'ai la valise mais je n'**en** ai pas la clef.   (명사의 한정보어)
트렁크는 있는데 그 열쇠가 없다. (la clef de la valise)

Voilà ma maison. Le toit **en** est rouge.　　　(명사의 한정보어)
나의 집의 지붕이 붉다. (le toit de ma maison)

(2) 「de+명사」의 간접보어구를 대신한다.

　　Ils parlent de leur école. → Ils **en** parlent.
　　그들은 학교에 대해서 말한다.
　　Prêtez-moi ce livre. J'**en** ai besoin. (=J'ai besoin de ce livre.)
　　책을 빌려줘요. 내가 그 책이 필요하오.

(3) 「de+명사」의 직접보어구를 대신한다.

　　Il n'a pas d'amis à Séoul. → Il n'**en** a pas à Séoul.
　　그는 서울에 친구들이 없다.
　　N'y a-t-il pas de fils? Non, il n'y **en** a pas.
　　아들은 없소? 예, 아들이 없소.
　　J'ai acheté beaucoup de livres. → J'**en** ai acheté beaucoup.
　　나는 많은 책을 샀다.

(4) 「부분관사(de, de la, de l')+명사」와 「부정관사 복수 des+명사」의 직접보어구를 대신한다.

　　Avez-vous du pain? 빵이 있소? Oui, j'**en** ai. 예, 있소.
　　De l'argent, je n'**en** ai pas. (en = de l'argent)
　　나는 돈이 없다.

(5) 「수형용사+명사」의 직접보어구를 대신한다.

　　Combien de fils avez-vous? J'**en** ai deux.
　　아들이 몇이나 있소? 아들이 둘 있소.

B. 소유대명사 (Pronom possessif)

(1) 형태

성	단 수		복 수	
	남 성	여 성	남 성	여 성
단수	le mien 나의 것 le tien 너의 것 le sien 그의 것, 그 녀의 것	la mienne la tienne la sienne	les miens les tiens les siens	les miennes les tiennes les siennes
복수	le nôtre 우리들의 것 le vôtre 너희들의 것 당신들의 것 le leur 그들의 것 그 녀들의 것	la nôtre la vôtre la leur	les nôtres les vôtres les leurs	

(2) 용법

① 앞에 나온 명사를 받아 소유자를 나타내 성·수에 일치한다.

    Mon père est plus vieux que **le sien**.   (=son père)
    나의 아버지는 그의 아버지보다 더 늙으시다.
    Mes robes sont noires, mais **les tiennes** sont blanches.
    나의 드레스는 검으나 너의 것은 흰색이다.   (=tes robes)
    Ton fils a réussi, **le leur** a échoué.   (=leur fils)
    너의 아들은 성공했지만 그들의 아들은 실패했다.

② 독자적으로 쓰여 남성단수형은 소유물, 재산을 의미하며, 남성복수형은 양친, 가족을 의미한다.

    Elle ne me demande que **le sien**.   (그녀의 것)
    그녀는 나에게 그녀의 것만 요구한다.
    Faites mes amitiés **aux vôtres**.   (댁의 가족)

댁의 가족들에게 나의 안부를 전해주시오.
Il a perdu tous **les siens**. (부모)
그는 그의 양친을 모두 잃었다.

> 주의 정관사는 전치사 à, de와 결합해서 au, aux, du, des가 된다.
> **aux** vôtres, **des** siens

C. 최상급

(1) 우등최상급 : 「le, la, les+plus+형용사, 부사+des+복수명사」
=「le, la, les+명사+le, la, les+plus+형용사, 부사」

Elle est **la plus studieuse de** ses camarades.
=Elle est **la camarade la plus studieuse de** ses amies.
그녀는 그의 친구들 중에서 가장 근면하다.
Ils sont **les plus grands de** nos amis.
=Ils sont **les amis les plus grands de** nos amis.
그들은 우리 친구들 중에서 가장 크다.
Elle court **le plus vite de** notre classe.
그녀는 우리 학급에서 가장 빨리 뛴다.

(2) 열등최상급 : 「le, la, les+moins+형용사, 부사+des+복수명사」
=「le, la, les+명사+le, la, les+moins+형용사, 부사」

Louis est **le moins intelligent de** mes amis.
=Louis est **l'ami le moins intelligent de** mes amis.
루이는 내 친구들 중에서 가장 영리하지 못하다.
Elles sont **les moins grandes de** nous.
=Elles sont **les élèves les moins grandes de** nous.
그녀들은 우리 중에서 가장 작다.
Il court **le moins vite de** notre classe.
그는 우리 학급에서 가장 느리게 뛴다.

주의 ① 최상급이 명사 뒤에 놓이면 명사 앞에 관사를 반복한다.
  Ma plus jolie amie. =**Mon** amie **la** plus jolie.
② 소유형용사는 관사 대신 쓰인다.
  Mon plus beau cheval. 나의 가장 아름다운 말.
  (①에서 ma는 la의 의미를, ②에서 mon은 le의 의미를 포함하고 있다.)
③ '둘 중에서'란 의미로 des deux를 쓸 때도 최상급을 쓴다.

(3) 불규칙적인 비교급, 최상급을 갖는 형용사들

		비교급	최상급	
bon	좋은	meilleur	le meilleur	(la meilleure)
mauvais	나쁜	pire	le pire	(la pire)
		plus mauvais	le plus mauvais	(la plus mauvaise)
petit	작은	moindre	le moindre	(la moindre)
		plus petit	le plus petit	(la plus petite)
bien	잘	mieux	le mieux	

참고 plus mauvais, plus petit는 구체적인 것에, pire, moindre는 추상적인 것에 쓴다.
  Sa <u>tristesse</u> n'est pas **moindre** que la mienne.
  그의 슬픔은 나의 것보다 더하면 더하지 못하지 않다.
  Ce <u>pays</u> est **plus petit** que celui-là.
  이 나라는 저 나라보다 더 작다.

E. 불규칙변화 동사들

	sentir (느끼다)	mentir (거짓말하다)	dormir (자다)
je	sens	mens	dors
tu	sens	mens	dors
il	sent	ment	dort
nous	sentons	mentons	dormons
vous	sentez	mentez	dormez

ils sentent	mentent	dorment
반과거 : je sentais	je mentais	je dormais
과거분사: senti	menti	dormi

2. 어휘 (Vocabulaire)

avoir besoin de	~이 필요하다
un complet fait sur mesure	주문하여 만든 옷 한 벌
le vêtement tout fait	기성복
assez...pour...	~하는데 충분한
lui aller assez bien	그에게 아주 잘 어울리다
Qu'est-ce qu'il y a?	무슨 일이냐?
se sentir bien	기분이 좋다
faire du bien à	~에게 유익하다
avoir tort	생각이 틀리다
il est temps de + 동사	~할 시간이다
ne ...ni...ni...	~도 ~도 아니다.
trop+ 형용사, 부사 + pour+inf.	~하기에 너무 ~하다
au contraaire	그 반대로
non plus	또한 ~도 아니다

연습문제 (Exercices)

A. 최상급을 포함하는 문장을 만드시오.

   (1) 장미는 모든 꽃들 중에서 가장 아름답다.

   (2) 이 책이 가장 좋다.

   (3) Marie는 우리 반에서 가장 덜 똑똑하다.

   (4) 그것이 서울에서 가장 큰 호텔이다.

B. 밑줄 친 부분을 소유대명사로 바꾸어 쓰시오.

   (1) Vos livres sont plus épais que <u>ses livres</u>.

   (2) Prête-moi ton crayon. J'ai perdu <u>mon crayon</u>.

   (3) Notre maison n'est pas si grande que <u>leur maison</u>.

   (4) Il veut présenter ses parents <u>à vos parents</u>.

C. En을 사용하여 ( )속의 우리말을 프랑스어로 쓰시오.

   (1) As-tu beucoup d'argent? Non, (나는 돈이 없다.)

   (2) Voulez-vous du pain? Oui, (나는 그것을 원한다.)

   (3) Voici des choux. (그녀는 그것을 산다.)

   (4) Combien de doigts avez-vous? (나는 그것을 열개 가지고 있다.)

   (5) L'avion vient d'atterrir. (그들은 거기에 내린다.)

   (6) Nous aurons bientôt les examens. (그것에 대하여 얘기하자)

D. 중성대명사 en이 대신 쓴 단어를 쓰시오.

   (1) J'ai la valise mais je n'<u>en</u> ai pas la clef.

   (2) Voilà ma maison. Le toit <u>en</u> est rouge.

   (3) Prêtez-moi le livre. J'<u>en</u> ai besoin.

   (4) Avez-vous du pain? Oui, j'<u>en</u> ai.

회화 (Conversation)

A : Montrez-moi votre passeport, s'il vous plaît.
B : Voilà, Monsieur (Madame).
A : Quel est votre pays?
B : Je suis de Corée du Sud.
A : Quelle est votre profession?
B : Je suis étudiant.
A : Pourquoi vous êtes venu en France?
B : Pour faire mon étude.
A : Combien de temps vous restez en France?
B : Peut-être pendant quatre ans.
A : C'est la première fois en France?
B : Oui, c'est la première fois.
A : Quelle sera votre adresse en France pendant votre séjour?
B : Je ne sais pas encore. Parce que je resterai à la maison à louer.
A : Bien. Au revoir.

un passeport 여권; Quel est votre pays? 국적이 어느 나라입니까?; la Corée du Sud 남한; une profession 직업; étudiant 학생; peut-être 아마, 어쩌면; la premiè-re fois 처음; séjour 체류; sais는 savoir '알다'의 현재 1인칭 단수; resterai는 rester '머물다'의 미래 1인칭 단수; louer 세 놓다, la maison à louer 셋집

Lecture

Avant de sortir, il se demande s'il aura besoin de son parapluie. Il se dit :

--Il va peut-être pleuvoir.

Puis il dit à sa femme :

--J'aurai peut-être besoin de mon parapluie. Allez me le chercher. Sa femme va le lui chercher, puis elle le lui donne.

Mais il hésite et dit :

--S'il ne pleut pas, je n'en aurai pas besoin.

--Eh bien, ne l'emportez pas, laissez-le ici, dit sa femme.

--Oui, mais s'il pleut, je serai mouillé.

--Alors, prenez-le, voilà, emportez-le.

--Et s'il ne pleut pas, qu'est-ce que j'en ferai?

--Si vous n'en avez pas besoin, remettez-le dans le vestibule.

--Non, je crois que je le prendrai avec moi.

LEÇON VINGT

La dernière classe

D'après Alphonse Daudet

En passant devant la mairie, je vis qu'il y avait du monde arrêté près du petit grillage aux affiches. Depuis deux ans, c'est de là que nous sont venues toutes les mauvaises nouvelles, les batailles perdues, les réquisitions, les ordres de la commandature ; et je pensai sans m'arrêter:

"Qu'est-ce qu'il y a encore?"

Alors comme je traversais la place en courant, le forgeron Wachter, qui était là avec son apprenti en train de lire l'affiche, me cria:

--"Ne te dépêche pas tant, petit ; tu y arriveras toujours assez tôt à ton école !"

---

en passant 지나면서, 지나갈 때; la mairie 시청, 구청, 면사무소; vis는 voir '보다'의 단순과거 3인칭 단수; le monde 사람들; arrêté s'arrêter '멎다'의 p.p.로 형용사로 쓰였다; près de 옆에, 가까이; un grillage aux affiches 게시판; c'est...que(qui)...는 c'est와 que(qui) 사이의 말을 강조하는 강조형이다; sont venues는 venir '오다'의 복합과거로 주어가 길어서 동사 뒤에 놓였다, toutes les mauvaises nouvelles, les batailles perdues, les réquisitions...이 sont venues의 주어; une nouvelle 소식; une bataille perdue 패전; une réquisition 징용, 징집; commandature (독일)사령부; pensai는 penser '생각하다'의 단순과거 1인칭 단수; sans m'arrêter 멈추지 않고 (대명동사가 부정법으로 쓰일 때 대명사 'se'가

의미상의 주어에 따라서 변한다); Qu'est-ce qu'il y a encore? 또 무슨 일이 있나?; comme (시간을 의미하여) 마침 ~할 때; traversais는 traverser '건너다, 가로지르다, 횡단하다'의 반과거 1인칭 단수; en courant 달려서; un forgeron 대장장이; apprenti 수습생, 견습공; être en train de+inf. = être actuellement occupé à '~하고 있다, ~하는 중이다'; une affiche 게시, 벽보; cria는 crier '고함치다, 외치다'의 단순과거 3인칭 단수; ne te dépêche pas se dépêcher '서두르다'의 부정명령; tant 그렇게; y는 à l'école를 의미하는 중성대명사; arriveras는 arriver '도착하다'의 단순미래 2인칭 단수; assez tôt 충분히 일찍이

Je crus qu'il se moquait de moi, et j'entrai tout essoufflé dans la petite cour de M. Hamel.

D'ordinaire, au commencement de la classe, il se faisait un grnad tapage qu'on entendait jusque dans la rue, les pupitres ouverts, fermés, les leçons qu'on répétait très haut tous ensemble en se bouchant les oreilles pour mieux apprendre, et la grosse règle du maître qui tapait sur les tables :

"Un peu de silence !"

Je comptais sur tout ce train pour gagner mon banc sans être vu; mais justement ce jour-là tout était tranquille, comme un matin de dimanche.

crus는 croire '믿다'의 단순과거 1인칭 단수; se moquait de는 se moquer de '비웃다, 놀리다'의 반과거 3인칭 단수; entrai는 entrer '들어오다'의 단순과거 1인칭단수; 「tout+형용사」 매우, 완전히, 아주; essoufflé 헐떡이는, 숨가쁜; une cour 안뜰, 구내, (학교) 운동장; d'ordinaire = pour l'ordinaire = le plus souvent 보통, 일반적으로; au commencement (de) 최초에(는), ~의 시초에(는); il se faisait는 se faire '생기다, 되다'의 반과거 3인칭 단수; un grand tapage 큰 소란, 크게 떠들썩함; entendait는 entendre '듣다'의 반과거 3인칭 단수; une rue 도로; une pupitre 학생용 책상; ouverts와 fermés는 각각 ouvrir '열다'와 fermer '닫다'의 과거분사; répétait는 répéter '(말을) 되풀이 하다'의 반과거 3인칭 단수; haut

제20과

LEÇON VINGT: La dernière classe | 189

'높은, 거센'이 부사로 쓰였다; tous [tus]는 toutes les personnes 이고, tout는 toutes les choses 의미, tout가 tout le monde의 의미로 쓰일 때도 있다; ensemble 함께, 같이; en se bouchant les oreilles는 se boucher '자기의 ~을 막다'의 의미로 'se'는 간접보어이고 직접보어는 les oreilles이다. 따라서 동작 또는 감각을 받는 신체의 부분을 가리킬 때에는 소유형용사 대신 정관사를 쓰고 소유형용사 의미로 동사 앞에 간접보어 인칭대명사를 쓴다. 예: je lui ai pris la main. lui는 소유형용사 의미로 쓰인 간접보어 인칭대명사이다. 자기가 자기 신체의 부분에 대해서 하는 동작을 나타낼 때에는 대명동사를 사용하는데, 이때의 'se'는 간접보어이고 '신체의 부분'이 직접보어가 된다. 예; Je me lave le visage. ; mieux는 bien '잘'의 비교급; apprendre 배우다; une règle 자; tapait는 taper '손바닥으로 때리 다, (물건을) 두드리다'의 반과거 3인칭 단수; Un peu de silence ! 조용히 해!; comptais는 compter (sur) '~을 기대하다'의 반과거1인칭 단수; un train 기차, 대열, 야단법석; être vu는 수동형 부정법; tout는 대명사로 toutes les choses 의미; tranquille [tʀɑ̃kil] 조용한

1. 문법 (Grammaire)

A. 단순과거(Passé simple)의 형태

제 1군, 제 2군 규칙동사는 본래의 어간에 아래의 단순시제를 붙이며, 불규칙동사는 변화가 약간 다르다.

	1군 동사	2군동사와 -ir어미 3군동사		3군동사
je	__ai	__is	__us	__ins
tu	__as	__is	__us	__ins
il	__a	__it	__ut	__int
nous	__âmes	__îmes	__ûmes	__înmes
vous	__âtes	__îtes	__ûtes	__întes
ils	__èrent	__irent	__urent	__inrent
	parler	finir	dire	avoir	être	venir
je	parl**ai**	fin**is**	d**is**	**eus**	f**us**	v**ins**
tu	parl**as**	fin**is**	d**is**	**eus**	f**us**	v**ins**

il	parl**a**	fin**it**	d**it**	e**ut**	f**ut**	v**int**
nous	parl**âmes**	fin**îmes**	d**îmes**	e**ûmes**	f**ûmes**	v**înmes**
vous	parl**âtes**	fin**îtes**	d**îtes**	e**ûtes**	f**ûtes**	v**întes**
ils	parl**èrent**	fin**irent**	d**irent**	e**urent**	f**urent**	v**inrent**

B. 용법

현재와 관련 없는 완전히 지나가 버린 과거의 순간적 행위를 나타내며, 문장체에서만 쓰이고 일상어에서는 복합과거를 쓴다.

Elle **ouvrit** une armoire et en **tira** une robe noire.
그녀는 장을 열고 검은 드레스를 꺼냈다.
Victor Hugo **naquit** en 1802. 빅토르 유고는 1802년에 태어났다.

C. 중성대명사 Y

「à, (dans, en, sur)+명사, 대명사, 동사, 부정법, 절」의 구를 대신하며, 긍정명령문을 제외한 모든 경우에 동사 앞에 쓴다.

(1) 「à, (dans, en, sur)+명사의 상황보어구」를 대신한다.(부사적용법)

Nous sommes allés à l'école. → Nous **y** sommes allés.
우리는 학교에 갔다.
J'habite en France. → J'**y** habite.
나는 프랑스에서 살고 있다.
J'entre dans la chambre. → J'**y** entre.
나는 방에 들어간다.

(2) 간접타동사의 보어를 대신한다.

「à+강세형 인칭대명사」를 요구하는 동사 consentir à (~을 동의하다, ~을 승낙하다), penser à (~을 생각하다), renoncer à (~을 포기하다),

se fier à (~을 신용하다, 믿다), songer à (~을 생각하다) 등의 à lui, à elle 대신 중성대명사 'Y'를 쓴다.

>Je pense <u>à mes parents</u>. → J'**y** pense.
>나는 부모님을 생각한다.
>Bien qu'il connaisse son devoir, il **y** manque souvent.
>(Il manque <u>à son devoir</u>.)
>그는 의무를 알면서도 가끔 소홀히 한다.
>Partez, j'**y** consens. = Je consens (à ce) que vous partiez.
>가시오. 나도 동의하니까.
>Il voulait....croire <u>aux hommes</u> : et il **y** croyait.
>그는 인간들을 믿고자 했고, 또 믿었다.
>**예외** 「à + 명사(사람)」의 간접보어는 'Y'대신 간접보어인칭대 명사를 쓴다.
>Je parle <u>à mon ami</u>. → Je **lui** parle.

D. 분사 (Participe)

분사는 동사와 형용사의 성질을 동시에 가지고 있다. 분사에는 현재분사와 과거분사가 있다.

1) 부사적 분사 (Gérondif)
a. 형태 :「**en+현재분사**」로서 때, 원인, 수단, 방법 등을 의미하며 주동사의 주어가 Gérondif의 주어가 된다.

>Il marche **en lisant** un journal. 그는 신문을 읽으면서 걷는다.

b. 용법
(1) '동시성'을 의미한다.

>Il se promène **en chantant**. 그는 노래를 하면서 산책을 한다.
>(Il se promène **en même temps** qu'il chante.)

(2) '수단과 방법'을 의미한다.

Il s'est instruit **en lisant**. 그는 독서로 배웠다.
(Il s'est instruit **parce qu'il** a lu.)

(3) '조건'을 의미한다.

Vous réussirez, **en travaillant ainsi**.
(**Si vous travaillez ainsi**, vous réussirez.)
그렇게 공부하면 성공할 것이요.

주의 a) Gérondif는 부사적 의미로 쓰이고, 현재분사는 형용사적 의미로 쓰여 위치에 따라 의미가 달라진다. 즉 현재분사는 가까운 명사를 수식한다.

J'ai rencontré mon ami **allant** à la maison.
나는 집으로 가는 내 친구를 만났다.
Allant à la maison, j'ai renconré mon ami.
집으로 가다가 나는 친구를 만났다.
J'ai rencontré mon ami **en allant** à la maison.
집으로 가다가 나는 친구를 만났다.
En allant à la maison, j'ai rencontré mon ami.
집으로 가다가 나는 친구를 만났다.

b) 일반적으로 en은 서로 관련된 모든 현재분사 앞에 일일이 되풀이 해야 한다.

On acquiert la science **en** écoutant, **en** lisant, **en** étudiant, **en** voyageant.
듣고, 읽고, 공부하고, 여행함으로써 지식을 얻는다.

2) 현재분사절 (Proposition participe)

주절의 주어와 분사절의 주어가 동일할 때 접속사 parce que, puisque, comme, lorsque, quand, après que 등을 의미하며, 종속절에서 인칭동사 대신 쓰이며 분사절은 일반적으로 부사절로 바꾸어 쓸 수 있다.

Le soldat, **voyant** son frère mort, il ne voulut pas vivre.
(=**Lorsque** le soldat vit son frère mort, ...) (때)
그 군인은 자기 형이 죽은 것을 보자 살기를 원치 않았다.
Etant malade, j'ai été absent de l'école.
(= Parce que j'étais malade,...) (원인)
아파서 나는 학교에 결석을 했다.
Travaillant mieux, il réussira à l'examen.
(=S'il travaille mieux, ...) (조건)
더 잘 공부하면, 그는 시험에 합격할 것이다.)

3) 현재분사에 의한 절대분사절

현재분사가 독자적인 주어를 갖는 절을 절대분사절이라고 한다. 때, 원인, 조건 등을 의미한다.

Les voyageurs **descandant**, le train partit. (때)
(les voyageurs는 descsntant의 주어이다.)
여행자들이 내리고, 기차는 떠났다.
Dieu **aidant**, nous y parviendrons. (조건)
(Dieu는 aidant의 주어이다.)
하나님이 도와주시면 우리는 거기에 이르게 될 것이다.
La nuit **tombant**, on alluma la lampe. (원인)
(la nuit는 tombant의 주어이다.)
밤이 어두워졌기 때문에 등을 켰다.

E. 부사 Tout

부사 tout(매우, 완전히, 아주)는 자음이나 유성 h로 시작하는 여성 형용사 앞에서는 toute(s)로 변화한다.

Elle est **toute** contente.   그녀는 매우 만족하고 있다.
Les portes qui s'ouvrent **toutes** grandes. 활짝 열리는 문.

2. 어휘 (Vocabulaire)

un grillage aux affiches	게시판
une bataille perdue	패전
c'est...que...	c'est와 que 사이에 있는 것을 강조하는 형태
Qu'est-ce qu'il y a emcore?	또 무슨 일이 있나?
assez tôt	충분히 일찍이
se moquer de	~를 비웃다, 조롱하다
être en train de+inf=être actuellement occupé à	~하(하는)고 있다(중이다)
tout + 형용사(자음이나 유성 h로 시작하는 형용사 앞에서 tout가 성·수변화 한다)	매우, 완전히, 아주
d'ordinaire = pour l'ordinaire = le plus souvent	보통, 일반적으로
tous [tus] = toutes les personnes	모든 사람
tout = toutes les choses	모든 것
un peu de silence!	조용히 해!
compter sur	~을 기대하다

연습문제 (Exercices)

A. ( ) 안에 있는 동사들을 단순과거로 쓰시오.
  (1) Il me (regarder).
  (2) Nous (finir) notre travail.
  (3) Vous (écrire) des lettres.
  (4) J'(avoir) le temps de faire cela.

(5) Elle (se rendre) au Japon.   (6) Tu (devoir) faire ton travail.
(7) Nous (aller) au cinéma.   (8) Il (se mettre) à partir.

B. 중성대명사 Y를 사용하여 ( ) 속의 우리말을 프랑스어로 쓰시오.
(1) Etes-vous allé au jardin? Oui, (나는 거기에 갔다).
(2) Pensez-vous quelques fois à votre pays?
   Oui, (나는 그것에 대해서 자주 생각한다.)
(3) J'ai visité le zoo. (나는 거기서 많은 동물을 보았다.)
(4) On mange bien à ce restaurant. (거기에 들어갑시다.)
(5) J'aime ce parc. (나는 여기에 자주 온다.)

C. ( )에 알맞은 것은?
(1) Quatre heures après, mon frère sera à Paris. Il ( ) trouvera un de ses amis.
   a. le   b. en   c. les   d. y
(2) Marie va à l'église. Elle ( ) va le dimanche.
   a. en   b. là   c. y   d. ici
(3) 밑줄 친 'y'가 가리키는 것은?
   L'année dernière je suis allé à la campagne qui est loin de la ville. Je m'<u>y</u> suis bien amusé.
   a. au restaurant   b. à Inchon   c. à la campagne   d. en ville

D. 다음 물음대로 답을 쓰시오.
(1) ( )에 알맞은 것은 ?
   Il lit un livre en ( ) le gâteau que sa mère lui a donné.
   a. manger   b. mangé   c. mangeant   d. mangant
(2) 문장의 밑줄 친 곳을 달리 쓸 때 옳은 곳은?
   Pour une jeune fille <u>qui joue</u> bien du piano, c'est facile à jouer.
   a. joue   b. jouer   c. jouant   d. en jouant
(3) ( )에 알맞은 것은?

L'habitude de mentir transforme un homme en menteur.
De même on devient voleur (   ).

 a. qui volant b. qui volent c. volant d. en volant

(4) 밑줄 친 부분과 가장 거리가 먼 것은?

<u>Etant malade</u>, il ne pourra pas assister à la cérémonie.

 a. Parce qu'il est malade. b. Afin qu'il soit malade.
 c. Quand il est malade. d. Comme il est malade
 e. Puis qu'il est malade.

(5) 다음 중 tout의 기능이 밑줄 친 것과 같은 것은?

Il se dit <u>tout</u> bas.

 a. Tout le monde veut partir pour la France.
 b. Les années passent tout doucement.
 c. Il veut posséder toute la terre.
 d. Tous veulent gagner de l'argent.

회화 (Conversation)

A : Allo, je voudrais prendre un taxi.
B : D'accord, où êtes-vous maintenant?
A : Ici, devant le Petit Palais. Quand arrivera le taxi?
B : Dans dix minutes, Monsieur.
 Bonjour, Monsieur. Où allez-vous?
A : A l'hôtel Vernet, s'il vous plaît.
 Combien de temps prendra-t-il?
B : Environ cinquante minutes. Ça y est. Voici l'hôtel Vernet.
A : Combien coûte-t-il?
B : Ça fait quarante Euros.

LEÇON VINGT: La dernière classe

A : Voilà cinquante Euros.
B : Et voilà dix Euros. Prenez votre monnaie. Au revoir. Monsieur.

> Je voudrais prendre un taxi. 택시를 타려고 하는데요; d'accord 알겠습니다; dans dix minutes 10분 후에]; Combien de temps prendra-t-il? 시간이 얼마나 걸릴까요?; environ 대략, 약; Ça y est. 다 왔습니다; combien coûte-t-il? 얼마입니까?; Ça fait quarante Euros. 40유로입니다; Prenez votre monnaie. 거스름돈 받으세요.

Lecture

Le boucher et l'avocat

Le chien d'un avocat vit un jour un gros morceau de viande pendu à l'étalage d'un boucher. Il le saisit et s'enfuit avec.

Le boucher savait à qui le chien appartenait et, le soir, il alla chez le maître de l'animal et lui posa cette question :

--"Monsieur, si un chien vole un morceau de viande pendu devant ma boutique, puis-je demander le prix au maître de l'animal?

--Parfaitement, lui répondit l'avocat.

--Et bien, reprit le boucher, c'est votre chien, Monsieur, qui a fait le vol en question. La viande pesait trois kilos ; j'ai l'honneur de vous réclamer six francs."

L'avocat paya ce que le boucher lui demandait et ce dernier rentra chez lui tout joyeux.

Le lendemain, pourtant, il reçut la note suivante :

"Doit M. X., boucher, à M. N., avocat, la somme de dix francs pour une consultation."

LEÇON VINGT ET UN

Lunettes pour lire

Un paysan va en ville. Il remarque ce qu'il voit. Par exemple il remarque que beaucoup de personnes lisent un journal et presque toutes portent un lorgnon ou des lunettes.

Le paysan entre chez un opticien et demande des lunettes pour lire. L'opticien lui en essaye plusieurs paires pendant que le paysan regarde dans un livre : mais à chaque essai, il répond :

--"Non, je ne puis lire."

L'opticien, fatigué de lui essayer ses verres, finit par dire au client :

--"Mais savez-vous lire?

--Quelle question! Si je le savais, je ne vous demanderais pas des lunettes pour lire."

---

une lunette 망원경, (pl.) 안경 (=une paire de lunettes); remarque는 remarquer '(에)주의(주목)하다, 알아보다, 식별하다'의 현재 3인칭 단수; par exemple 예를 들면; lisent는 lire '읽다'의 현재 3인칭 복수; un journal 신문; presque 거의, 대부분 (presqu'île 이외에는 어미 'e'를 생략하지 않는다); toutes 부정대명사 여성형이며, 남성형은 tous[tus]로 '모든 사람들' 의미한다, 여기서는 personne를 가리키는 부정대명사이다; un lorgnon 코안경; un paysan 농부, 농민, 여성형은

une paysanne; chez ~의 집(방)에; un opticien [ɔptisjɛ̃] 안경상인; des lunettes pour lire 독서용 안경; en은 des lunettes를 의미하는 중성대명사; essaye [esɛ] essayer [esɛje] '성능을 시험하다, 맛보다'의 현재 3인칭 단수; répond은 répondre '대답하다'의 현재 3인칭 단수; puis는 pouvoir의 현재 1인칭 단수; fatigué는 (de, 으로) 피로한, 지친; un verre 유리, 잔유리, 안경알; 「finir par+inf.」 마침내 ~하다(하고야 말다); mais 그러나, 그렇기는 하지만, 좌우간; savez는 "savoir+inf." '~할 줄 안다'의 현재 2인칭 복수; Quelle question! 무슨 질문이요!; si 만약 ~이라면; le는 부정법으로 쓰인 lire를 대신한 중성대명사; savais는 savoir의 반과거 1인칭 단수; demanderais는 deamnder '묻다, 요구하다'의 조건법 현재 1인칭 단수.

1. 문법 (Grammaire)

A. 조건법의 형태

조건법현재는 1군 동사와 2군 동사는 부정법에, 3군 동사는 단순미래의 어간에 직설법 반과거의 어미 "-ais, -ais, -ait, -ions, -iez, aient"를 붙인다.

	1군동사	2군동사		3군동사		
	acheter [aʃte]	finir	avoir	être	aller	rendre
j'	ach**è**terais [aʃɛtəʀe]	finirais	aurais	serais	irais	rendrais
tu	ach**è**terais	finirais	aurais	serais	irais	rendrais
il	ach**è**terait	finirait	aurait	serait	irait	rendrait
nous	ach**è**terions	finirions	aurions	serions	irions	rendrions
vous	ach**è**teriez	finiriez	auriez	seriez	iriez	rendriez
ils	ach**è**teraient	finiraient	auraient	seraient	iraient	rendraient

참고 emmener (데리고 가다), appeler (부르다), employer (사용하다) 등의 동사들을 조건법 시제로 변화시켜보시오.

B. 조건법의 용법

(1) 현재나 미래에 어떤 조건이 실현될 경우에 생길 결과를 표시한다. 조건을 나타내는 문에는 「si+반과거로, 결과를 나타내는 주절에는 조건법 현재」를 쓴다.

Si vous me **veniez** en aide, je **réusirais**.
만약 당신이 나를 도와주신다면 나는 성공할 거요.
(당신의 도움 없이는 나는 성공 못한다.)
Si je **finissais** mon étude l'année prochaine, j'**irais** en France.
내년에 공부를 끝마친다면 프랑스에 갈텐데.
(공부를 끝마치지 못하면 프랑스에 가지 못한다.)

> **참고** 실현 가능성이 있는 미래를 말할 때는 주절에 "직설법 단순미래"를 쓰고, 종속절에는 "si+직설법현재"를 쓴다.
> **Si** j'**ai** le temps demain, j'**irai** vous voir.
> 내일 시간이 있으면 당신을 보러 가겠소.

(2) 과거에 있어서 미래로 주절이 과거일 때 동속절의 미래를 조건법 현재로 쓴다.

Il m'**a dit** que je **mourrais**.(직접화법 종속절 미래가 조건법이 됨)
내가 죽을 거라고 그는 말했다.
Je **savais** qu'il **viendrait**.
그가 오리라는 것을 나는 알고 있었다.

(3) 동사 être, oser, pouvoir, savoir, vouloir 등은 어조를 부드럽게 하기 위하여 직설법 대신 조건법을 쓴다.

Je **voudrais** vous dire, 나는 당신에게 말씀을 드리고 싶습니다.
Oserais-je vous demander de venir? 왕림해 주실 수 있습니까?

(4) 현재 사실에 대한 추측을 나타낼 때는 조건법 현재를 쓴다.

On dirait qu'il a vingt ans. 그는 20세쯤 되어 보인다.

C. 중성대명사 Le

중성대명사 le는 성·수에 관계없이 문장(절), 부정법, 형용사, 무관사 명사(형용사적 명사) 등을 대신하여 동사 앞에 놓인다.

(1) 문장(절)을 대신한다.

> Elle est malade, mais ses parents ne le savent pas.
> (le = Elle est malade.)
> 그녀가 아프지만 그녀의 부모들은 그녀가 아픈 것을 모른다.

(2) 부정법을 대신한다.

> Écrivez à vos parents, quand vous le pouvez. (le = écrivez)
> 편지를 쓸 수 있으면 부모에게 편지 하시오.

(3) 형용사를 대신한다.

> Êtes-vous content? Oui, je le suis. (le = content)
> 만족하십니까? 예, 만족합니다.

(4) 형용사적 명사를 대신한다.

> Sont-ils amis? Oui, ils le sont. (le = amis)
> 그들은 친구들입니까? 예, 그들은 친구들입니다.
>
> **참고** 직업, 신분, 국적 등을 의미하는 명사가 속사로 쓰이면 관사를 생략하며, 이 때 이 명사를 형용사적 명사라 한다.

D. 보어인칭대명사의 위치

긍정명령을 제외하고는 동사 앞에 놓인다. 직접, 간접보어가 모두 대명사일 때는 원칙적으로 직접보어를 동사에 가깝게 놓는다.

「주어 + me, te, vous, (se) + le, la, les + lui, leur + (y + en) + 동사」
　　　1,2인칭간접보어　　　　3인칭직접　　3인칭　　　중성
　　　　　　　　　　　　　　　보어　　　간접보어　　대명사

Il donne le stylo à moi. → Il **me le** donne.
　　　　　　　　　　　　　그는 나에게 그것(만년필)을 준다.
Je donne la poupée à Suzanne. → Je **la lui** donne.
　　　　　　　　　　　　　　　나는 그녀에게 그것(인형)을 준다.

위의 공식을 좀 더 자세히 설명하면 다음과 같다.

$$\text{주어+(ne)} \begin{Bmatrix} \begin{pmatrix} \text{me, nous} \\ \text{te, vous} \end{pmatrix} + \text{le, la, les} \\ \text{la, la, les + lui, leur} \\ \text{다른 보어 + en, y} \end{Bmatrix} + \begin{matrix} \text{동 사} \\ \text{조동사} \end{matrix} + (\text{pas}) + \text{P.P.}$$

↓　　　　　　　　　　　　　　　　　　　　　　↓
명령문인 경우 주어 생략　　　　　　　　　　의문문일 때 주어를 가함.

(1) 긍정문(부정문)

Je (ne) **vous le** donnerai (pas).
나는 당신에게 그것을 줄(주지 않을) 것이다.
Je (ne) **le lui** ai (pas) donné.
나는 그것을 그에게 주었(주지 않았)다.
Je (ne) **leur en** ai pas parlé.
나는 그들에게 그것을 말했(하지 않았)다.
Je (ne) **m'y** fie (pas).
나는 나를 믿었(지 않았)다.

예외 직접보어와 간접보어 둘 다 1인칭, 2인칭이거나 또 직접보어가
　　　　1인칭 또는 2인칭인데 간접보어가 3인칭일 때는 간접보어가

「**à**+인칭대명사 강세형」으로 동사 뒤에 쓴다.
Il vous présentte **à moi**. 그는 당신을 나에게 소개한다.

(2) 의문문(부정의문)

(Ne) **Me le** donnez-vous (pas)?
당신은 그것을 나에게 주십(시지 않습)니까?
(Ne) **Le lui** avez-vous (pas) donné?
당신은 그것을 그에게 주셨(시지 않았)습니까?
(Ne) **M'en** donnerez-vous (pas)?
당신은 나에게 그것을 주실(시지 않을)겁니까?
(Ne) **Leur en** avez-vous (pas) donné?
당신은 그들에게 그것을 주셨(시지 않았)습니까?
(Ne) **Vous y** fiez-vous (pas)?
당신은 그것을 믿(지 않)습니까?

(3) 부정 명령문

부정문의 주어를 생략한 것과 같으며, 2인칭 단수에서 동사의 어미 "-es"인 것은 's'를 생략한다.

Ne **me le** donne pas.   그것을 나에게 주지 마라.
Ne **le lui** donnez pas. 그에게 그것을 주지 마시오.
Ne **m'en** donnez pas.   나에게 그것을 주지 마시오.
Ne **lui en** donnez pas. 그에게 그것을 주지 마시오.
Ne **vous y** fiez pas.   그것을 믿지 마시오.

(4) 긍정명령문

보어인칭대명사는 동사의 직후에 놓이며, 연결선(trait d'union)으로 연결되고 me는 moi로, te는 toi가 된다.

동사 〈 직접보어(**le, la, les**)+간접보어(**moi, toi, lui, nous, vous, leur**)
간접보어(**me, te, nous, vous, lui, leur**)+직접보어(**en, y**)

Dites-**le-moi**. 나에게 그것을 말하시오.
Donne-**le-lui**. 그에게 그것을 주어라.
Parlez-**nous-en**. 우리에게 그것을 말하시오.
S'il y a d'autres chapeaux, donnez **m'en**.
  다른 모자들이 있으면 그것을 나에게 주시오.
Fiez-**vous-y**. 그것을 믿으시오.

E. 과거분사 (Participe passé)

(1) 형태 : 1군동사는 「어간+**é**」, 2군동사는 「어간+**i**」이며, 3군 동사는 어간이 일정하지 않고 어미가 -u, -s, -t 중에서 하나이다.

	부정법	과거분사
1군동사	parler	parlé
2군동사	obéir	obéi
3군동사	avoir	eu
3군동사	être	été
3군동사	répondre	répondu
3군동사	apprendre	appris
3군동사	faire	fait

(2) 용법

a. 과거분사는 조동사와 함께 복합시제 및 수동태를 만들며, 형용사처럼 사용하여 부가형용사, 속사, 동격형용사가 되어 어느 경우에나, 관계하는 명사의 성·수에 일치한다.

J'ai **commencé** à apprendre le français.   (복합시제)
나는 프랑스어를 배우기 시작했다.

Il est **aimé** de tout le monde. (수동태)
그는 모든 사람에게서 사랑을 받는다.
Les livres **écrits** par le même auteur. (부가 형용사)
같은 저자에 의하여 쓰여진 책들.
Ce papier est **déchiré**. (속사)
그 종이는 찢어졌다.
Brisée par la fatigue, elle s'endort. (동격 형용사)
피로로 허약해진 그녀가 자고 있다.

b. 과거분사가 단독으로 형용사적으로 쓰여 흔히 수동적인 의미이다.

Une maison **ruinée** 무너진 집
Un bateau **brulé** 타버린 배

c. 과거분사는 관계하는 말의 성·수에 일치한다.

Il avait les yeux tout grands **ouverts**. (형용사적으로 쓰임)
그는 눈을 크게 뜨고 있었다.
Les voleurs ont été **pris** par des polices d'agent. (être 조동사)
도둑들이 순경에게 잡혔다.
Quelles fleurs avez-vous **achetées**? (직접보어가 p.p. 앞에 있음)
당신은 어떤 꽃을 샀습니까?
Je les ai **achetées**. (직접보어가 p.p. 앞에 있음)
나는 그것(그 꽃들)을 샀습니다.

> **참고** avoir를 조동사로 한 과거분사의 직접보어가 과거분사 앞에 놓이면 과거분사는 직접보어의 성과 수에 일치한다.

(3) 과거분사에 의한 분사절

주절의 주어와 분사절의 주어가 동일할 때 접속사 parce que, puuisque, comme, lorsque, quand, après que 등을 의미하며, 종속절에서

인칭동사 대신 쓰이며 분사절은 일반적으로 부사절로 바꾸어 쓸 수 있다.

Sorti de la mairie, il est entré chez lui. (때)
(=**Quand** il <u>était sorti</u> de la mairie, ...)
시청에서 나와서 그는 그의 집으로 들어갔다.
Accablés de la chaleur, ils ne peuvent plus marcher. (이유)
(=**Comme** ils <u>sont accablés</u> de la chaleur, ...)
더위로 약해졌기 때문에 그들은 더 걸을 수 없다.
Revenu plus tôt, vous auriez vu votre père avant sa mort.
(=**Si** vous <u>étiez revenu</u> plus tôt, ...) (조건)
더 일찍 왔더라면 당신은 아버지가 죽기 전에 보았을 텐데.

(4) 과거분사에 의한 절대 분사절

분사가 독자적인 주어를 갖는 절을 절대 분사절이라 하며, 때, 원인, 조건 등을 나타낸다.

Le repas fini, nous nous mîmes en route. (때)
(le repas는 fini의 주어)
식사가 끝난 후 우리는 길을 걷기 시작했다.
Eux partis, nous avons senti un allégement. (원인)
(eux는 partis의 주어)
그들이 떠났기 때문에 우리들은 부담을 덜 느꼈다.
Une fortune faite, je reviendrai. (조건)
(une fortune는 faite의 주어)
돈을 벌면 돌아오겠소.

> **참고** être를 조동사로 사용한 복합형에서는 흔히 étant을 생략한다.
> Le train (étant) **parti**, nous devions marcher.
> 기차가 떠났기 때문에 우리는 걸어야 했다.

2. 어휘 (Vocabulaire)

par exemple	예를 들면
presque	거의
plusieurs	몇몇의
chaque	~마다, 매(每)
finir par+inf.	마침내~하다
mais	그러나, 좌우간

연습문제 (Exercices)

A. ( )의 동사를 조건법으로 쓰시오.

(1) Si vous m'aimiez, vous m'(aider).

(2) Il m'a dit que je (réussir).

(3) Je savais qu'elle (venir).

(4) Je (vouloir) vous dire.

(5) S'il mangeait, il (n'avoir pas) faim.

B. ( ) 에 알맞은 것을 고르시오.

(1) Si j'étais un oiseau, je ( ) vers toi.
    a. volerai   b. volerais   c. volais   d. vole

(2) Si j'avais assez d'argent, ( ) cette voiture.
    a. j'achèterais   b. j'achèterai   c. j'ai acheté   d. j'achetais

(3) Si j'avais le temps, ( ) voir une pièce de Molière.
    a. j'irais   b. j'irai   c. je seria allé   d. j'allais

(4) Si j'étais plus riche, je (　　　) partir pour la France.
   a. pourrais   b. pus   c. pouvais   d. puisse

C. 중성대명사를 사용하여 프랑스어로 쓰시오.
   (1) Sais-tu qu'il est revenu? Oui, je (그것을 안다).
   (2) Voulez-vous m'accompagner au marché?
       Non, je (그것을 원하지 않는다).
   (3) Est-ce que ces paniers sont lourds? Oui, ils (그렇다).
   (4) Faut-il rester ici? Oui, il (그래야 한다).

D. (　　)에 알맞은 것은?
   (1) Il partira demain. Nous (　　) croyons.
       a. les   b. le   c. en   d. la
   (2) Mes soeurs étaient très belle quand elles étaient petites.
       Mais elles ne (　　) sont plus maintenant.
       a. des   b. les   c. la   d. le
   (3) Peux-tu me raconter ce qui t'est arrivé pendant mon absence?
       Oui, (　) peux (　) (　) raconter.
       a. je-te-le   b. je-le-toi   c. tu-le-moi   d. tu-me-le
   (4) 밑줄 친 부분을 대명사로 바꾸어 문장을 다시 쓰면?
       Monsieur Li est heureux. Et moi aussi, je suis <u>heureux</u>.
       a. je le suis.   b. je la suis.   c. j'en suis.   d. j'y suis.

E. 밑줄 친 명사를 보어인칭대명사로 바꾸어 문장을 쓰시오.
   (1) Il donne <u>le livre à moi</u>.
   (2) Je donne <u>la fleur à Marie</u>.
   (3) Tu ne parleras pas <u>de tes devoirs à lui</u>.
   (4) Vous ne vous fiez pas <u>à cela</u>.

LEÇON VINGT ET UN: Lunettes pour lire | 209

F. 밑줄 친 곳을 과거분사로 고치시오.

(1) <u>Quand il était sorti</u> de la maison, il est allé chez lui.
(2) <u>Si tu était venu plus tôt</u>, tu aurais rencontré M. Kim.
(3) <u>Après que le repas eut fini</u>, je sortis moi seul.
(4) <u>Si j'aurai fait une fortune</u>, je reviendrai.

회화 (Conversation)

A : Je cherche un appartemenet.
B : Combien de pièces voulez-vous?
A : Je veux deux pièces.
B : Dans quel quartier voulez-vous?
A : Proche de l'université.
B : Je veux vous proposer un appartement près de l'université.
A : C'est à quel étage?
B : C' est au cinquième étage.
A : Est-ce qu'il y a un ascensseur?
B : Oui, il y en a.
A : C'est combien?
B : C'est quatre cents Euros par mois.
A : Avec les charges?
B : Non, les charges n'y sont pas comprises.
A : C'est bon. Merci, beaucoup.

---

une pièce 부분, 서류, 악보, 방; un quartier 지대, 구역, 3개월 근무, 조각; proche (de) 가까운; proposer (à, 에게) 추천하다, 제안하다; un ascensseur 엘리베이터; c'est combien? 얼마입니까?; par mois 한 달에; une charge 짐, 책임, 의무, 관리비; y는 à quatre cents Eros를 의미하는 중성대명사; compris 이해된, 포함된

Lecture

Si j'étais riche....

Si j'étais riche, je n'irais pas me bâtir une maison de ville à la campagne. Sur le penchant de quelque colline bien ombragée, j'aurais une petite maison rustique, une maison blanche qui me rappellerait un peu l'heureux temps de ma jeunesse.

J'aurais des légumes dans mon jardin, et pour parc un joli verger.

Les fruiits serait à la discrétion des promeneurs. Là je rassemblerais une société plus choisie que nombreuse.

Tous les airs de la ville seraient oubliés, et devenus villageois, nous mènerions une vie active qui nous ferait un nouvel estomac et de nouveaux goûts.

LEÇON VINGT-DEUX

Victor Hugo

    Vicor Hugo est né au commencement dix-neuvième siècle dans la vieille ville de Besançon. Son père était général sous Napoléon, dont les armées combattaient dans tous les pays de l'Europe.

    Quand il était encore enfant, il était allé avec son père en Europe et en Italie, que les Français occupaient alors. Après la chute de l'empereur, il est venu à Paris, où il a reçu son éducation.

    Le général Hugo voulait faire un soldat de son fils. Mais celui-ci voulait être poète et, au lieu d'étudier les mathématiques, il écrivait des vers. Quand il avait seize ans, il avait déjà écrit des poèmes remarquables. Bientôt il est devenu le plus grand poète de la France. Victor Hugo a aussi écrit beaucoup de drames et de romans qui sont des chefs-d'oevre.

---

est né naître '태어나다'의 복합과거; au commencement (최)초(기)에, 처음에; un général 장군; sous 밑에(서), 휘하에; 「de+선행사(사람, 사물)」이 관계대명사 dont이 되었다; les armées 군대; combattaient는 combattre '싸우다'의 반과거; était allé는 aller의 대과거, 동작을 나타내는 일부 동사들은 복합시제에서 être를 조동사로 한다; occupaient는 occuper '점령하다'의 반과거; la chute 추락, 하락, 몰락; un empereur 황제; où 장소와 시간을 선행사로 받는 관계대명사로 여기서

는 à Paris를 의미한다; a reçu는 recevoir '받다'의 복합과거; une éducation 교육, 여성명사의 첫 자가 모음이거나 무성 h일 때는 소유형용사 ma, ta, sa 대신 mon, ton, son을 쓴다; voulait는 vouloir '원하다'의 반과거; 「faire+qn+속사」 ~을 ~으로 만들다; un soldat 군인; voulait être poète 시인이 되기를 원했다, 직업, 신분을 나타내는 단어가 속사이면 관사를 생략한다; 「au lieu de+inf.」 ~ 하는 대신; les mathématiques 수학; écrivait는 écrire '쓰다'의 반과거; un vers 詩; avait seize ans 16세였다; avait écrit는 écrire의 대과거로 16세 이전에 이미 시를 썼다는 의미; déjà 이미, 벌써; remarquable 주목할 만한; est devenu는 devenir '되다'의 복합과거; un drame 연극, 희곡; un roman 소설; chefs-d'oeuvre 걸작품들, 전치사로 합성명사를 이룬 것은 복수에서 앞의 명사만 복수가 된다.

Tout le monde connaît Les Misérables, son roman le plus célèbre.

Dans cette oeuvre, le grand écrivain nous a raconté l'histoire d'un homme qui a beaucoup souffert du l'injustice des hommes.

Jean Valjean était très pauvre. Un jour il a volé un pain parce que sa famille mourrait de faim. Pour cela on l'a mis en prison.

Il y avait plusieurs années qu'il était en prison quand enfin on lui a rendu la liberté. Maintenant qu'il était libre, il devait gagner sa vie. Mais tout le monde le haissait parce qu'il avait été condamné.

La police le surveillait toujours. Jean Valjean, qui était bon autrefois, est devenu méchant. Un jour il a été converti par un bon prêtre, qu'il avait volé. Il a beaucoup travaillé et il est devenu riche. Mais la police le poursuivait partout, il était obligé de fuir de ville en ville, et il a eu beaucoup d'aventures extraordinaires.

connaît는 connaître '알다'의 현재 3인칭 단수; le plus célèbre 가장 유명한; une oeuvre 작품; un écrivain 작가; a raconté는 raconter '이야기하다, 말하다'의 복합과거 3인칭 단수; une histoire 역사, 이야기; souffert는 souffrir de '~ 때문에 고통을 겪다'의 과거분사; une injustice 부정, 불의; pauvre 가난한, 가련한; volé

LEÇON VINGT-DEUX: Victor Hugo | 213

는 voler '훔치다, 도둑질하다'의 과거분사; un pain 빵; mourrait는 mourir '죽다'의 조건법 현재로 과거에 있어서 미래의 의미로 쓰였다; mourir de faim 굶주려 죽다; pour cela 이 일로 인해서; l'는 장발장을 가리킨다; mettre en prison 징역에 처하다; rendre la liberté à qn ~를 석방하다; devait는 devoir '해야 하다'의 반과거 3인칭 단수; gagner sa vie 생활비를 벌다; haissait는 haïr '미워하다'의 반과거 3인칭 단수; avait été condamné는 condamner '유죄를 선고하다'의 수동태 대과거 3인칭 단수; surveillait는 surveiller '감시하다'의 반과서 3인칭 단수; autrefois 예전에; méchant 악의의; a été converti는 convertir '개종시키다'의 수동태 복합과거 3인칭 단수; un prêtre 신부; avait volé는 voler '도둑질하다'의 대과거 3인칭 단수; riche 부유한; poursuivait는 poursuivre '뒤를 쫓다'의 반과거 3인칭 단수; partout 어디든지; être obligé de+inf. 하지 않을 수가 없다; fuir 도망가다; de ville en ville 도시에서 도시로; une aventure 모험; extraordinaire 기이한, 믿을 수 없는.

1. 문법 (Grammaire)

A. 대과거(Plus-que-parfait)의 형태

대과거는「조동사의 직설법 반과거+p.p.」로 어떤 과거 사실보다 앞선 과거 사실, 또는 과거 이전의 이루어진 반복, 습관, 계속적인 행위를 나타낸다.

	finir		partir
j'	avais fini	j'	étais parti(**e**)
tu	avais fini	tu	étais parti(**e**)
il	avait fini	il	était parti
nous	avions fini	nous	étions parti(**e**)**s**
vous	aviez fini	vous	étiez parti(**e, s, es**)
ils	avaient fini	ils	étaient parti**s**
elles	avaient fini	elles	étaient parti**es**

B. 용법

(1) 어떤 과거보다 앞서 이루어진 동작을 나타낸다.

Après qu'il **avait travaillé**, il est sorti.
그는 일을 끝내고 외출했다.

(2) 어떤 과거 사실보다 그 이전에 있었던 반복, 습관, 계속적 행동을 나타낸다.

A Paris, quand nous **avions rencontré** nos amis, nous allions chaque jour nous promener.
파리에서 우리는 친구들과 만나서 매일 산책하곤 했다.

(3) 과거의 시점을 기준하여 이전에 이미 완결된 동작의 결과나 상태를 나타낸다.

Quand il est arrivé à la gare, le train **était déjà** parti.
그가 역에 도착했을 때 기차는 이미 출발하였다.

(4) 간접화법의 종속절에서 과거보다 앞선 동작이나 상태를 나타낸다.

Il m'a dit qu'elle l'**avait aimé**.   (간접화법)
그녀에게서 사랑을 받았다고 그는 내게 말했다.
Il m'a dit : "Elle m'a aimé."   (직접화법)
그는 나에게 말했다. "그녀는 나를 사랑했소"

(5) 과거 사실에 반대하는 가정을 할 때 「si+대과거」로 쓴다.

Si vous **aviez parlé** plus haut, on vous aurait compris.
당신이 더 크게 말씀하셨더라면 당신의 말씀을 알아들었을 텐데.

LEÇON VINGT-DEUX: Victor Hugo | 215

C. 수동태의 시제

수동태의 시제는 조동사의 시제가 수동태의 시제이다. 조동사가 현제이면 수동태의 시제는 현재이고, 조동사의 시제가 반과거이면 수동태의 시제는 반과거이며, 조동사의 시제가 대과거이면 수동태의 시제는 대과거이다.

(1) 수동태의 현제

    Il **est** respecté de tout le monde.   (조동사 현제)
    그는 모든 사람들로부터 존경을 받고 있다.

(2) 수동태의 복합과거

    Il **a été** respecté de tout le monde.   (조동사 복합과거)
    그는 모든 사람들로부터 존경을 받았다.

(3) 수동태의 대과거

    Il **avait été** respecté de tout le monde.   (조동사 대과거)
    그는 모든 사람들로부터 존경을 받았었다.

(4) 수동태 조건법 현재

    S'il était honnête, il **serait** respecté de tout le monde.
                                                      (조동사 조건법 현재)
    그가 정직하다면 모든 사람들로부터 존경을 받을 텐데.

(5) 수동태 조건법 과거

    S'il avait été honnête, il **aurait été** respecté de tout le monde.
                                                      (조동사 조건법 과거)
    그가 정직했었다면 모든 사람들로부터 존경을 받았을 텐데.

D. 관계대명사 Dont = de+선행사(사람, 사물)

(1) 선행사+dont+주어(de...)+동사

Voilà mon ami **dont** le passeport a été perdu.
여권을 잃어버린 나의 친구이다. (Le passeport de mon ami)
(dont은 관계절의 주어 le passeport의 보어)

(2) 선행사+dont+주어+동사+속사(de...)

C'est l'élève **dont** je suis satisfait. (satisfait de l'élève)
이 애가 내가 만족하는 학생이다.
(dont은 관계절 중의 속사 satisfait의 보어)

(3) 선행사+dont+주어+동사+직접보어(de...)

C'est la valise **dont** j'ai perdu la clef. (la clef de la valise)
이것이 그 열쇠를 잃어버린 가방이다.
(dont은 관계절 중의 동사 perdre의 직접보어 la clef의 보어)

(4) 선행사+dont+주어+동사(de...)

C'est le film **dont** on parle partout. (parler du film)
이것은 사람들이 도처에서 말하는 영화이다.
(dont은 관계절 중의 동사 parler의 보어)

> **예외** ① dont의 선행사 ce, ceci, cela, rien일 때는 de qui, de quoi, duquel, par lequel, avec lequel로 바꿀 수 없다.
> C'est **ce dont** il s'agit. 그것이 문제다.
> ② 「전치사+명사」의 보어로는 de qui, duquel을 쓴다.
> dont은 선행사 직후에 놓아야 한다.

LEÇON VINGT-DEUX: Victor Hugo | 217

L'homme à la mère **de qui** j'ai parlé.
내가 말한 그 사람의 어머니.

E. 관계대명사 Où : 「선행사(장소, 시간)+où+주어+동사」로 관계부사의 역할을 하며, 전치사 de, par와 함께 쓰이기도 한다.

C'est la ville **où** je suis né. 내가 태어난 도시이다.
C'est le jour **où** j'ai quitté mon pays. 내가 고향을 떠난 날이다.
La maison **d'où** il est sorti. 그녀가 나온 집.
Le chemin **par où** il a passé. 그가 지나간 길.

<u>주의</u> 관계대명사 où 앞에 선행사가 없을 때는 là가 생략된 것.
J'irai (là) **où** vous allez. 나는 당신이 가는 곳에 가겠소.

2. 어휘 (Vocabulaire)

au commencement	최초에, 초기에
chef-d'oeuvre	걸작
faire qn+de+속사	~을 ~으로 만들다
mourir de...	~으로 죽다
au lieu de+inf.	~하는 대신
de ville en ville	도시에서 도시로
mettre qn en prison	~를 감옥에 가두다
rendre la liberté à qn	~를 석방하다
pour cela	이 일로 인해서
être obligé de+inf.	~하지 않을 수가 없다.

연습문제 (Exercices)

A. 밑줄 친 동사를 대과거로 쓰시오.

 (1) Après qu'il <u>travailler</u>, il est sorti.
 (2) Quand il est arrivé, le train déjà <u>partir</u>.
 (3) Il m'a dit qu'il l'<u>aimer</u>.
 (4) Si tu <u>étudier</u> mieux, tu aurais entré à l'école.

B. ( )에 알맞은 것은?

 (1) Il a dit qu'il ( ).
   a. avais menti   b. avions menti
   c. avait menti   d. avaient menti
 (2) J'ai fini le travail que vous m' ( ).
   a. avez demandé   b. aviez demandé
   c. aura demandé   d. auriez demandé
 (3) Si elle ( ) au cinéma hier soir, elle n'aurait pas attrapé ce rhume.
   a. n'allait pas   b. n'est pas allé
   c. ne va pas   d. n'était pas allée
 (4) Si j'avais eu beacoup d'argent, j'( ) cette auto.
   a. ai acheté   b. avais acheté
   c. aurai acheté   d. aurais acheté

C. 보기 중에서 골라 ( )에 알맞은 관계대명사를 쓰시오.

> à quoi, de quoi, sur quoi, dont, où, d'où, par où

 (1) C'est la valise ( ) j'ai perdu la clef.
 (2) Il n'y a rien ( ) l'on ait tant parlé.
 (3) Le chemin ( ) il a passé.
 (4) C'est le jour ( ) je suis né.

LEÇON VINGT-DEUX: Victor Hugo | 219

(5) Je sais (   ) vous vous rêvez.
(6) Il sait (   ) tu penses.
(7) C'est la maison (   ) elle est sortie.

D. (   )에 알맞은 것은?
(1) Nous dînons avec un professuer (   ) je ne sais pas le nom.
    a. ce que   b. à qui   c. lequel   d. dont
(2) Raconte-moi un des épisodes (   ) tu te souviens.
    a. que   b. dont   c. qui   d. lequel
(3) Il faut trouver la porte d'(e) (   ) nous sommes entrés.
    a. lequel   b. où   c. qui   d. que
(4) Il décide d'aller à la campagne (   ) il est né.
    a. qui   b. que   c. don't   d. où
(5) L'instant (   ) nous naissons est un pas vers la mort.
    a. don't   b. duquel   c. où   d. quoi

회화 (Conversation)

A : Où comptez-vous aller cette année?
B : Je n'ai pas encore bien décidé. Je dois aller chasser en Sologne; je dois faire aussi depuis longtemps une visite à des amis dans le Midi.
A : Oui, mais l'ouverture n'est qu'en septembre; que ferez-vous en attendant?
B : Moi, j'hésite entre la mer et la montagne, mais les enfants préfèrent beaucoup à la mer.
A : Vous deveriez venir avec nous en Bretagne; nous pourrions louer une maison meublée; la bonne s'occuperait de vos enfants en même temps que des nôtres.

B : Mais je dois d'abord en parler à ma femme.
A : Ça va de soi. Parlez-lui-en donc, et décidez-vous bien vite.

> comptez는 compter '세다, 지불하다', compter+inf. '~할 셈이다'의 현재 2인칭 단수; décidé는 décider '결정하다'의 p.p.; chasser 사냥하다; faire une visite à qn '~을 방문하다'; le Midi 프랑스의 남부지방; une ouverture 열기, 시작, 개시, 개학, 서곡; ne...que... =seulement; ferez는 faire의 단순미래 2인칭 복수; en attendant 기다리면서; entre (둘) 사이에서; une montagne 산; préfèrent는 préférer (à, 보다) '좋아하다'의 현재 3인칭 복수; devriez는 devoir '해야 하다'의 조건법 현재 2인칭 복수로 어조를 부드럽게 사용했다; pourrions은 pouvoir '할 수 있다'의 조건법 현재 1인칭 복수로 어조를 부드럽게 사용했다; louer 세놓다, 세내다, 예약하다; meublé(e) 가구를 갖춘; une bonne 하녀, 식모; s'occuperait는 s'occuper (de, 에) '종사하다, 보살피다'의 조건법 현재 3인칭 단수; en même temps 동시에; les nôtres은 les enfants을 의미하는 소유대명사 1인칭 복수; en은 'de+venir avec nous'를 의미하는 중성대명사; Ça va de soi. 그것은 말한 나위도 없는 (당연한) 일이다; décidez-vous는 se décider '결정짓다'의 명령형 2인칭 복수.

Lecture

La pomme de La Fontaine

Le bon La Fontaine avait l'habitude de manger tous les matins une pomme cuite. Un jour il en avait mis une sur sa cheminée pour laisser refroidir, et en attendant il était allé chercher un livre dans sa bibliothèque.

Un de ses amis entre dans la chambre, aperçoit la pomme et la mange. La Fontaine, en rentrant, ne voit plus sa pomme. Il devine ce qui est arrivé. Alors, il s'écrie avec émotion.

--"Ah! mon Dieu! qui a mangé la pomme que j'avais mise sur la cheminée?

--Ce n'est pas moi, répond l'autre.

--Tant mieux, mon ami.

--Et pourquoi cela?

--Parce que, répond La Fontaine, j'avais mis de l'arsenic dedans pour empoisonner les rats."

LEÇON VINGT-TROIS

Le villageois change d'avis.

Un villageois se promenait à la campagne, par une chaude journée d'été. En regardant les chênes, il vit que ces arbres portaient un petit fruit pas plus gros que le pouce. Il remarque, en même temps, une petite plante, qui rampait à terre et qui portait des citrouilles bien plus gros que sa tête.

Cet homme se dit en lui-même : "Il me semble que si j'avais été à la place du Créateur, j'aurais mieux arrangé les choses : la citrouille aurait dû pousser sur ce grand arbre, et le gland sur cette petite plante."

un villageois 촌사람, 시골의; se promenait는 se promener '산책하다'의 반과거 3인칭 단수; à la campagne 시골에서; par (날씨) ~한 때에, ~한 가운데를, ex: par la pluie 우중에, par une chaude journée d'été 여름의 더운 날에; en regardant 보면서; un chêne 떡갈나무, 참나무; vit는 voir '보다'의 단순과거 3인칭 단수; portaient는 porter '가지고 있다'의 반과거 3인칭 복수; un fruit 열매; gros 큰; un pouce 엄지손가락; pas plus gros que le pouce 엄지손가락 보다 크지 않은; remarque는 remarquer '주의하여 보다, 주목하여 보다, 식별하다'의 현재 3인칭 단수; en même temps 동시에; une plante 식물, 초목; qui 관계대명사 주격으로 선행사는 plante; rampait는 ramper '기다, 포복하다'의 반과거 3인칭 단수; qui 관계대명사 주격으로 선행사는 역시 plante이다; portait는 porter '가지고 있다'의 반과거 3인칭 단수; une citrouille 서양호박; bien 잘, 매우; plus...que... '~보다 더~한' 우등비교; une tête 머리; se dit는 se dire '혼잣말을

하다, 혼자 중얼거리다'의 단순과거 3인칭 단수; lui-même 그 자신, en lui-même 그 자신 속으로; me semble는 se sembler '~와 같이 보이다'의 현재 3인칭 단수; 과거를 가정할 때는 「si+대과거, 주절에는 조건법과거」로 쓴다, 그러므로 'si j'avais été à la place du Créateur, j'aurais mieux arrangés les choses'는 '내가 창조주였다면 나는 이것들을 더 잘 정돈했을 텐데'; aurait dû는 devoir '해야하다'의 조건법과거; pousser 밀다, 내밀다, (싹 따위가) 돋아나게 하다; un gland 도토리, le gland 다음에는 앞 절에 있는 aurtiat dû pousser를 반복하지 않고 생략했다.

Comme il avait sommeil, il alla se coucher sous un grand chêne. Pendant qu'il dormait, un gland lui tomba sur le nez, et le réveilla. Il porta aussitôt la main au visage et il trouva le gland pris dans sa barbe.

Alors notre sage s'écria: "J'avoue que Dieu a raison. Que serais-je devenu si la citrouille avait été tombée sur le chêne? En tombant elle m'aurait écrasé la tête."

comme ~같이, ~으로서, (감탄사)얼마나, ~이므로, ~때문에; avait는 avoir의 반과거 3인칭 단수, avoir sommeil 졸음이 오다; alla는 aller '가다'의 단순과거 3인칭 단수, aller 뒤에서 목적을 의미하는 동사는 부정법으로 쓴다; se coucher 자다, 눕다; pendant ~하는 동안; dormait는 dormir '자다'의 반과거 3인칭 단수; lui는 신체의 일부분을 의미하는 명사에는 소유형용사 대신 정관사를 쓰고 소유형용사 의미로 동사 앞에 간접보어 인칭대명사로 쓰인 lui 이다; tomba는 tomber '떨어지다'의 단순과거 3인칭 단수; un nez 코; le는 un villageois를 의미하는 직접보어이다; réveilla는 réveiller '깨우다'의 단순과거 3인칭 단수; aussitôt 곧, 즉각; un visage 얼굴, 낯; trouva는 trouver '찾아내다, 구하다'의 단순과거 3인칭 단수; pris는 prendre '잡다'의 과거분사로 앞의 명사인 le gland을 수식하는 형용사적 의미로 쓰여 '잡히는' 의미이다; une barbe 수염; sage (a.) 슬기로운, 현명한, 총명한, (n.) 현인(賢人); s'écria는 s'écrier '외치다'의 단순과거 3인칭 단수; avoue는 avouer '(죄) 자백하다, 고백하다'의 현재 1인칭 단수; Dieu 하나님; avoir raison 옳다; serais devenu는 devenir '되다'의 조건법 과거 1인칭 단수; avait été tombé는 tomber의 수동태 대과거; en tombant '떨어지면서'란 의미의 gérondif; m'(e)는 신체의 일부를 의미하는 tête

> 의 소유를 의미하는 소유형용사 의미로 쓰인 간접보어 인칭대명사; aurait écrasé는 écraser '으스러뜨리다'의 조건법 과거로 과거에 있어서 미래의 의미를 나타내고 있다.

1. 문법 (Grammaire)

A. 조건법 과거의 형태

조건법 과거는 「조동사의 조건법 현재+P.P.」로 조동사가 être이면 p.p.는 주어의 성·수에 따라 변한다.

	parler		venir
j'	**aurais parlé**	je	**serais venu(e)**
tu	**aurais parlé**	tu	**serais venu(e)**
il	**aurait parlé**	il	**serait venu**
nous	**aurions parlé**	nous	**serions venu(e)s**
vous	**auriez parlé**	vous	**seriez venu(e, s, es)**
ils	**auraient parlé**	ils	**seraient venus**

B. 용법

(1) 과거에 있어서 어떤 조건이 실현되었더라면 어떤 결과가 생겼으리라는 추측을 나타낸다. 이때 조건절은 「Si+직설법 대과거」를 쓰고, 주절은 「조건법 과거」로 쓴다.

Si vous m'aviez aidé, j'**auris réussi**.
만약 당신이 나를 도와주었더라면, 나는 성공했을 텐데.

제23과

LEÇON VINGT-TROIS: Le villageois change d'avis | 225

(2) 주절의 동사가 과거일 때 실현되지 않은 사실을 나타내기 위하여 종속절에서 전미래 대신 조건법 과거를 쓴다.

J'ai cru qu'il m'**aurait répondu** avant trois heures.
그는 나에게 세 시 이전에 대답하리라고 생각했다.

(3) 추측이나 어조를 부드럽게 하기 위하여 직설법 대신 조건법 과거를 쓴다.

Hier soir, le feu **aurait été mis** par un malfaiteur.
어젯밤 아마 나쁜 놈이 불을 지른 것 같다.

> **참고** ① 조건을 나타내는 문장은 반드시 'si'로만 유도되는 것은 아니고 여러 가지의 형태의 부사구나 Gérondif 등이 조건을 나타내는 경우가 있다.
>
> Sans vous, cela **serait** difficile.   (sans+명사)
> 당신이 없으면 그것은 어려울 것입니다.
> Oui, je vous **tromperais** de parler autrement.   (부정법)
> 달리 말한다면 당신을 속이는 것이 될 것이다.
> En tournant à droite, tu **serais** à sa maison.   (Gérondif)
> 오른쪽으로 돌면 너는 그의 집에 도착하게 될 것이다.
>
> ② 조건법 과거에는 제 2형이라는 접속법 대과거를 쓰는 조건법이 있으며 뜻은 같고 문장체에서만 쓰인다.
>
> Si j'avais acheté cela, j' { **aurais été** / **eusse été** } riche.
> 만약 내가 그것을 샀더라면, 부자가 되었을 것이다.

C. 변하는 관계대명사

(1) 형태

선행사(사람·사물) + 전치사 + { lequel / laquelle / lesquels / lesquelles } + 주어 + 동사

전치사 à나 de가 앞에 있을 때는 다음과 같이 변화한다.

	단수	복수
남성	auquel	auxquels
	duquel	desquels
여성	à laquelle	auxquelles
	de laquelle	desquelles

(2) 용법

a. 선행사는 사람·사물로 관계절의 주어나 직접보어가 된다.

　　J'ai visité le fils de madame X, **lequel** habite à la campagne.
　　나는 X부인의 아들을 만났는데 그는 시골에 산다.　　　(주어)
　　J'ai rencontré le fils de madame X, **lequel** vous connaissez.
　　나는 X부인의 아들을 만났는데 당신은 그를 알고 있다. (직보어)

b. 복합형이 전치사를 취할 때도 사람과 사물을 선행사로 받으며 선행사가 사람인 경우에는 「전치사+qui」와 같은 의미이다.

　　As-tu rencontré la fille de cet homme **auquel** j'ai téléphoné?
　　내가 전화를 한 사람의 딸을 만났느냐?

c. 사물이 선행사일 때 전치사가 그 앞에 오면 「전치사+복합형」만 사용된다. 「전치사+quoi」는 선행사가 중성대명사이거나 절일 경우에만 쓰인다.

　　C'est le projet **auquel** il rêve. (rêver au projet)
　　이것이 그가 꿈을 꾸는 계획이다.　　　　　　　(간접보어)
　　C'est la plume **avec laquelle** il a écrit sa lettre.
　　(écrire avec la plume)
　　이것이 그가 편지를 쓰는데 사용한 펜이다.　　　(상황보어)

LEÇON VINGT-TROIS: Le villageois change d'avis

D. 대명동사의 부정법

대명동사의 부정법은 부정법의 의미상의 주어의 인칭에 따라서 대명사 'se'가 변한다.

    Je vais **me** coucher. 나는 잠자러 간다. (coucher의 주어가 je임)
    Tu vas **te** coucher. 너는 잠자러 간다. (coucher의 주어가 tu임)
    Il va **se** oucher. 그는 잠자러 간다. (coucher의 주어가 il임)
    Nous allons **nous** coucher. 우리는 잠자러 간다.
    Vous allez **vous** coucher. 당신(너희들)은 잠자러 간다.
    Ils vont **se** coucher. 그들은 잠자러 간다.

E. 「인칭대명사 강세형+même」

moi-même	나 자신	nous-mêmes	우리들 자신
toi-même	너 자신	vous-même(s)	당신 자신, 너희들 자신
lui-même	그 자신	eux-mêmes	그들 자신
elle-même	그녀 자신	elles-mêmes	그녀들 자신
soi-même	자기 자신		

F. comme의 의미

(1) ~같이, ~처럼

    Il écrit **comme** il parle. 그는 말하는 것처럼 글을 쓴다.

(2) Et와 같은 의미

    Ce fait se fera sur la terre **comme** au ciel.
    그 일이 하늘에서와 땅에서 이루질 것이다.

(3) ~로서

    Je vous dis cela **comme** ami. 당신에게 친구로서 이 말을 한다.

(4) 얼마나, 참으로(감탄)

   Comme il est grand !   그는 참으로 크구나!

(5) 어떤 방법으로 = comment

   C'est **tout comme**.   마찬가지다.
   Comme Ça (vous venez de Paris?)
   그러면 (당신은 파리에서 오셨군)

(6) 이므로, 때문에

   Comme la voiture est en panne, il faut aller à pied.
   차가 고장이므로 걸어가야 한다.

2. 어휘 (Vocabulaire)

par une chaude journée d'été	여름의 더운 날에
pas plus gros que le pouce	엄지손가락 보다 더 크지 않은
se dire en lui-même	그 자신 속으로 혼잣말을 하다
avoir raison 옳다 =/= avoir tort	그르다, 틀렸다.
avoir sommeil	졸음이 오다

연습문제 (Exercices)

A. 밑줄 친 동사를 조건법과거로 쓰시오.

(1) S'il était arrivé plus tôt, il <u>prendre</u> le train.
(2) Hier soir, le feu <u>mettre</u> par un malfaiteur.
(3) Je croyais que tu <u>déjà partir</u>.
(4) S'il m'avait donné de l'argent, je <u>réussir</u>.

B. (   )에 옳은 것은?

(1) Si j'avais eu beacoup d'argent, j'(   ) cette maison.
    a. as acheté   b. avais acheté
    c. aurai acheté   d. aurais acheté

(2) S'il étais né en France, il (   ) français.
    a. aurait pu parler   b. auras pu parler
    c. pourras parler   d. pourrait parler

(3) "비가 오기 전에 도착했으리라고 생각하고 있었다."의 옳은 프랑스어 작문은?
    a. Je croyais que vous seriez arrivé avant la pluie.
    b. Je croyais que vous étiez arrivé avant la pluie.
    c. Je croyais que vous fussiez arrivé avant la pluie.
    d. Je crois que vous êtes arrivé avant la pluie.

C. 보기에서 알맞은 것을 골라 쓰시오.

> lequel, laquelle, auquel, à laquelle, auxquels, auxquelles

(1) Il faut trouver la porte par (   ) nous sommes entrés.
(2) C'est son chien avec (   ) il se promène tous les matins.
(3) Ce sont de faciles questions (   ) j'ai répondu tout de suite.
(4) Voici le magasin devant (   ) j'ai rencontré mon ami.

(5) Connais-tu la fille de M. Kim (   ) j'ai écrit.
(6) C'est le projet (   ) il songe.

회화 (Conversation)

A : Bienvenu. Je peux vous aider?
B : Je voudrais réserver une chambre d'hôtel.
A : Quel type voulez-vous?
B : J'aimerais un hôtel calme au centre de la ville.
A : Dans quel ordre de prix?
B : Dans les 30 Euros, ça serait bien.
A : L'hôtel Vernet, c'est comment?
   Il est facile d'accès et ses tarifs sont plutôt bon marché.
B : Oui, c'est bon. Faites-moi une réservation.
   Comment on peut y aller?
A : Il vous faut prendre un bus ou bien un taxi.
B : Où est-ce qu'on prend le bus?
A : Prenez cette porte-là, c'est sur la droite.
B : Merci bien.

> bienvenu 어서오십시오; réserver 남겨두다, 예약하다, 마련해 두다; Quel type voulez-vous? 어떤 호텔을 원하십니까?; Dans quel ordre de prix? 값을 얼마 정도 예상합니까?; dans les 약; dans les 30 Euros, ça serait bien. 30유로 정도면 좋겠습니다; C'est comment? 이것은 어떻습니까?; Il est facile d'accès. 출입이 쉽다. un tarif [taʀif] 요금; une réservation (항공기) 예약, (호텔 방) 예약; y는 à l'hôtel Vernet를 의미하는 중성대명사

LEÇON VINGT-TROIS: Le villageois change d'avis

Lecture

L'enfant qui pleure.

On raconte qu'un homme riche rencontra dans une rue un enfant qui semblait chercher un objet perdu et qui pleurait.

--Qu'as-tu donc, mon enfant? lui dit-il.

--Ah ! Monsieur, ma mère m'avait donné deux sous et je les ai perdus.

--Eh bien ! mon petit, ton malheur est réparable.

Tiens, voilà deux sous, ne pleure plus.

Et il donna deux sous à l'enfant, puis il s'éloigna.

Il entendit l'enfant qui pleurait de plus belle. Il revint.

--Pourquoi pleures-tu à présent?

--Si je n'avais pas perdu mes deux sous, j'en aurais eu quatre à présent.

LEÇON VINGT-QUATRE

Lucienne et Paulaine

Lucienne et Paulaine se préparent à prendre le train. Elles vont passer les vacances de Noël à la campagne chez leur tante Amélie.

--Lucienne, aide-moi à faire ma valise.

--Il faut que je fasse la mienne d'abord.

--Je croyais tu étais déjà prête. Je crains que nous ne soyons en retard.

--Pourquoi crains-tu d'être en retard? Nous avons tout le temps.

--Sais-tu à quelle heure part notre train?

--Non, je ne sais pas.

--Il faut que nous sachions l'heure exacte. Il faut téléphoner pour demander l'heure du train et commande aussi un taxi.

--Ce n'est pas la peine de téléphoner. Voici un horaire. Notre train part à deux heures dix.

--Je doute que nous puissions l'attraper. Si nous manquons ce train, il faudra envoyer un télégramme à tante Amélie.

se préparent는 se préparer (à, pour에 대하여) '준비하다, 기다리다'의 현재 3인칭 복수; aller+inf. '~하려고 하다'의 근접미래; aider à+inf. ~하는 것을 돕다;

faire sa valise 떠날 채비를 하다; faut는 falloir '~해야하다'로 3인칭만 쓰이는 비인칭동사, 「il faut que+접속법」으로 씀; fasse는 faire의 접속법 현재 1인칭 단수; croyais는 coire '믿다, 확신하다'의 반과거; crains은 craindre '두려워하다, 걱정하다'의 현재 1인칭 단수, 「craindre que+허사 ne+접속법」으로 씀; soyons 은 être의 접속법 현재 1인칭 복수; être en retard 늦다; sais는 savoir '알다'의 현재 2인칭 단수; sachions은 savoir의 접속법 현재 1인칭 복수; exact(e) 정확한, 옳은; 「ce n'est pas la peine de+inf.」 ~할 필요가 없다; un horaire 시간표; doute 는 douter '의심하다'의 현재 1인칭 단수, 「douter que+접속법」으로 씀; puissions는 pouvoir '할 수 있다'의 접속법 현재 1인칭 복수; l'(e)는 기차를 의미하는 직접보어 인칭대명사; attraper 잡다, (기차, 버스) 타다; manquons은 manquer '없다, 결핍하다, 실패하다'의 현재 1인칭 복수; faudra는 falloir의 단순미래 3인칭 단수; envoyer 보내다; un télégramme 전보

--Je lui ai écrit que nous arriverons à quatre heures et demie, mais j'ai peur que la lettre ne soit pas arrivé à temps. Qu'est-ce que nous ferons si on ne vient pas nous chercher? Tante Amélie habite à douze kilomètres de la gare. Ecoute, il serait bon de lui télégraphier immédiatement.

--Pourquoi emportes-tu toutes ces fourrures?

--Je crains qu'il ne fasse très froid.

--Tu crains toujours d'avoir froid. S'il fait froid, tant mieux, nous pourrons patiner. As-tu tes patins?

--Certainement, je ne les ai pas oubliés. Mais moi, j'aime mieux aller en traineau.

--J'ai commandé un taxi, mais j'ai peur qu'il ne vienne pas à temps. Justement, le voici. Dépêchons-nous.

ai écrit는 écrire '(편지) 쓰다'의 복합과거 1인칭 단수; arriverons은 arriver '도착하다'의 단순미래 1인칭 복수; avoir peur 두려워하다, 걱정하다, 「avoir peur que+접속법」으로 씀; soit는 être의 접속법 현재 3인칭 단수; à temps 늦지 않게; ferons은 faire의 단순미래 1인칭 복수; une gare 정거장, 역; écoute는 écouter

'듣다'의 명령형 2인칭 단수이기 때문에 어미 's'가 생략되었다; serait는 être의 조건법 3인칭 단수로 어조를 부드럽게 하는 의미이다, il은 가주어 de+inf.가 진주어이다; télégraphier 전보로 알리다; immédiatement 직접; emporter 가져가다; une fourrure 모피; 「craindre de+inf.」 ~하지나 않을까 하고 근심하다, 「craindre que (ne)+접속법」 ~하지나 않을까 염려된다; avoir froid 춥다 =/= avoir chaud 덥다; tant mieux 그저 잘 됐다, 안성맞춤이다; pourrons은 pouvoir의 단순미래 1인칭 복수; patiner 스케이트를 타다; les patins 스케이트; certainement 확실히, 물론; ai oublié 는 oublier '잊다'의 복합과거 1인칭 단수로 직접보어 les가 avoir 앞에 있으므로 과거분사 oubliés가 되었다; aimer (à, de)+inf. ~하기를 좋아하다; un traineau(x) 썰매; ai commandé는 commander '명령하다, 주문하다'의 복합과거 1인칭 단수; 「avoir peur que (ne)+접속법」 ~을 겁내다, 걱정하다; vienne는 venir '오다'의 접속법 현재 3인칭 단수; à temps 늦지 않게, 제시간에; justement 정확하게, 당연히; Le voici. = Le taxi est arrivé. ; dépêchons-nous는 se dépêcher '서두르다'의 1인칭 복수 명령형

1. 문법 (Grammaire)

A. 접속법 (Subjonctif)의 형태

직설법 현재 3인칭 복수의 어미 -ent를 뺀 어간에 -e, -es, -e, -ions. -iez, -ent를 붙인다. 그러나 다음과 같은 동사 avoir, être, aller, faire, pouvoir, savoir, vouloir, valoir 등은 전혀 다른 어간을 취한다.

	parler	finir	avoir	être	aller	faire
je	parle	finisse	aie	sois	aille	fasse
tu	parles	finisses	aies	sois	ailles	fasses
il	parle	finisse	ait	soit	aille	fasse
nous	parlions	finissions	ayons	soyons	allions	fassions
vous	parliez	finissiez	ayez	soyez	alliez	fassiez
ils	parlent	finissent	aient	soient	aillent	fassent

참고 위의 동사들과 devoir, mourir, courir, boire, prendre, venir, voir 등의 동사들을 변화시켜 보시오.

LEÇON VINGT-QUATRE: Lucienne et Paulaine

B. 용법

(1) 주절에 '희망, 기원, 허가, 금지, 감정'을 나타내는 동사 vouloir, désirer, souhaiter, ordonner, permettre, défendre, craindre, s'étonner, se réjouir, être heureux(fâché, honteux) 등이 있을 때 종속절에 접속법을 쓴다.

J'<u>ordonne</u> qu'il **se taise**. 그가 조용히 하도록 명령한다.
(se taise는 se taire '잠자코 있다, 침묵을 지키다'의 접속법 현재)
Je <u>crains</u> qu'il **ne soit** malade. 그가 아프지나 않나 걱정이 된다.
Je suis <u>heureux (content, fâché, honteux)</u> qu'il **ait fait** cela.
그가 그것을 하여 나는 기쁘다(만족한다, 화가 난다, 부끄럽다).

(2) 목적, 조건, 양보 등을 나타내는 접속사구 pour(afin) que (~하도록), pourvu que (~하기만 한다면), quoique (=bien que) (..임에도 불구하고), quelque...que (아무리 ~하더라도), sans que (~없이), à condition que (~의 조건으로), à moins que (~이 없이는), avant que (~하기 전에) 등이 이끄는 종속절에 접속법을 쓴다.

Je répète <u>pour(afin) que</u> tu **comprennes** bien.
나는 네가 잘 이해하도록 반복한다.
Dites-le-lui <u>avant qu'il</u> **parte**.
그가 떠나기 전에 그것을 그에게 말하시오.

(3) 선행사에 최상급이나 seul, premier, dernier, unique, suprême 등이 있으면 관계절 속에 접속법을 쓴다.

C'est l'<u>unique</u> dictionnaire que j'**aie**.
그것은 내가 가지고 있는 유일한 사전이다.
C'est la <u>première</u> personne qui **soit** arrivée ici.
여기에 제일 먼저 도착한 사람이다.

(4) 주절이 명령, 필요, 가능, 의혹, 기원 등을 뜻하는 비인칭동사일 때 쓴다.

Il faut qu'on lui **dise** cela.
그것을 그에게 말해야 한다.
Il est possible (douteux) que cela **soit**.
그렇다는 것이 가능하(의심스럽)다.
Il semble certain qu'il **soit** déjà parti.
그가 이미 떠난 것이 확실한 것 같다.
C'est dommage que vous ne **puissiez** l'attendre.
그를 기다릴 수 없으시다니 유감입니다.
Qu'il **entre**! 그가 들어오도록 하시오!
Vive la Corée ! 대한민국 만세!

(5) croire와 penser가 의문이나 부정으로 쓰인 종속절에서 접속법을 쓴다.

Croyez (Pensez)-vous qu'elle **soit** heureuse?
그녀가 행복하다고 생각하십니까?
Je ne crois (pense) pas qu'elle **soit** heureuse.
나는 그녀가 행복하다고 생각하지 않습니다.

C. 접속법 과거

접속법 과거는 「**조동사의 접속법 현재+p.p.**」로 être를 조동사로 하는 과거분사는 주어의 성·수에 일치한다. 용법에 있어서는 접속법 현재와 똑같다.

	faire		venir
j'	**aie** fait	je	**sois** venu(**e**)
tu	**aies** fait	tu	**sois** venu(**e**)

LEÇON VINGT-QUATRE: Lucienne et Paulaine

il	**ait** fait	il	**soit** venu	
nous	**ayons** fait	nous	**soyons** venu(e)s	
vou	**ayez** fait	vous	**soyez** venu(e, s, es)	
ils	**aient** fait	ils	**soient** venu<u>s</u>	

종속절의 동사가 주절의 동사에 관련되어 접속법이 될 경우 시제는 다음과 같다.

주절의 동사	종속절의 동사	주절의 동사에 대하여 종속절의 동사가 나타내는 뜻
직설법 현재 미래	직설법 현재	현재 또는 미래
	접속법 과거	과거

　　　현재　　　　　접속법 현재

Il **faut** que vous **partiez** tout de suite.　　　　(현재)
당신은 곧 출발해야 한다.

　　　미래　　　　　접속법 현재, 과거

Il **faudra** que vous { **partiez** demain.　　　　(미래)
　　　　　　　　　　　{ **soyez parti** le lendemain.
당신은 내일 출발해야 될 것이다.
　　　　　(그 다음날 출발했어야 될 것이다.)

D. 접속법 반과거

직설법 단순과거 2인칭 단수에서 어미 's'를 뺀 어간에 –sse, -sses, -t, -ssions, -ssiez, -ssent를 붙이면 접속법 반과거가 된다.

	parler	finir	avoir	être	aller	faire
je	parla**sse**	fini**sse**	eu**sse**	fu**sse**	alla**sse**	fi**sse**
tu	parla**sses**	fini**sses**	eu**sses**	fu**sses**	alla**sses**	fi**sses**
il	parlâ**t**	finî**t**	eû**t**	fû**t**	allâ**t**	fî**t**

nous	parla**ssions**	fini**ssions**	eu**ssions**	fu**ssions**	alla**ssions**	fi**ssions**
vous	parla**ssiez**	fini**ssiez**	eu**ssiez**	fu**ssiez**	alla**ssiez**	fi**ssiez**
ils	parla**ssent**	fini**ssent**	eu**ssent**	fu**ssent**	alla**ssent**	fi**ssent**

종속절의 동사가 주절과 동사에 관련되어 접속법이 될 경우 시제는 다음과 같다.

주절의 동작	종속절의 동사	주절의 동사에 대하여 종속절의 동사가 나타내는 뜻
직설법 과거, 조건법	접속법 반과거	현재 또는 미래

(접속법 반과거)

Il fallait
Il a fallu ⎫⎬⎭ qu'il **partît** tout de suite.   (현재)
            (le lendemain).   (미래)

그는 당장에 (그 이튿날) 출발해야 했다(했을 것이다).

E. 접속법 대과거

접속법 대과거는 「조동사의 접속법 반과거+p.p.」로 나타내어 주절의 동사가 직설법 과거나 조건법인 것에 대하여 종속절에서 주절의 과거 이전 동작을 나타낸다.

	désirer (바라다)		aller (가다)
j'	**eusse** désiré	je	**fusse** allé(<u>e</u>)
tu	**eusses** désiré	tu	**fusses** allé(<u>e</u>)
il	**eût** désiré	il	**fût** allé
nous	**eussions** désiré	nous	**fussions** allé(<u>e</u>)s
vous	**eussiez** désiré	vous	**fussiez** allé(<u>e, s, es</u>)
ils	**eussent** désiré	ils	**fussent** allé<u>s</u>

LEÇON VINGT-QUATRE: Lucienne et Paulaine | 239

종속절의 동사가 주절의 동사에 관련되어 접속법이 될 경우 시제는 다음과 같다.

주절의 동사	종속절의 동사	주절의 동사에 대하여 종속절의 동사가 나타내는 뜻
직설법과거, 조건법	접속법 대과거	과거

Il a voulu
Il voulait } que j'**eusse** déjà **fait** son devoir.   (접속법 대과거)
Il avait voulu
그는 내가 이미 숙제를 끝냈기를 원했다.

F. 허사(虛辭) NE (Ne explétif)

종속절이 긍정인데도 동사가 부정의 뜻이 없는 'ne'를 종속절에 쓴다. 이것을 허사 'ne'라고 한다.

(1) 주절에 두려움, 걱정 등을 의미하는 동사가 있을 때 종속절에 허사 'ne'를 쓴다.

Je crains qu'il **ne** vienne.   그가 오지나 않을까 걱정이다.
J'ai peur qu'il **ne** soit malade.   그가 아프지나 않나 나는 걱정이다
예외 주절이 부정일 때는 종속절에 허사를 쓰지 않는다.
Je ne crains pas qu'il **vienne**.
그가 오는 것을 나는 두려워하지 않는다.

(2) 의혹(douter), 부정(nier), 등이 부정형이나 의문형일 때, empêcher, éviter 등의 종속절에서 허사 'ne'를 쓴다.

Je ne doute pas qu'il **ne** vienne.
나는 그가 오는 것을 의심하지 않는다.

Je ne nie pas qu'il **ne** soit guéri.
니는 그가 몸이 나은 것을 부인하지 않는다.
J'empêcherai qu'il **ne** parte.
그가 출발하지 못하도록 하겠다.
Evitez qu'il **ne** vous parle.
그가 당신에게 말을 걸지 못하도록 피하시오.

(3) 긍정인 주절에 plus, moins, mieux, meilleur, moindre, autre 등의 우등, 열등 비교급이 있는 종속절에 허사 'ne'를 쓴다.

Il est plus aimable qu'il **n'**était. 그는 이전보다 친절하다.
Il a moins d'esprit qu'il **ne** croit.
그가 생각하는 만큼 그는 재치가 없다.
Il est autre que je **ne** croyais. 그는 내가 생각했던 것과 다르다.
주의 동등비교급은 주절의 의미를 부정할 때 사용된다.

(4) 다음과 같은 접속사구 뒤에서 쓰인다.

à moins que ~하지 않는 한, avant que ~하기 전
de crainte que ~할까봐
Il ne sort pas à moins qu'il **ne** fasse beau.
그는 날씨가 좋지 않는 한 외출하지 않는다.
Venez avant qu'il **ne** parte. 그가 떠나기 전에 오시오.
Fuyez de crainte qu'on **ne** nous voie. 사람이 볼까봐 도망가시오
주의 pouvoir, oser, cesser 등은 부정문에서 'ne'만 사용하므로 허사 'ne'와 혼돈해서는 안 된다.

> Il ne peut le faire.
> 그는 그것을 할 수 없다.
> Elle n'ose en parler.
> 그녀는 그것에 대하여 감히 말하지 못한다.
> Ils ne cessent de travailler.
> 그들은 일하는 것을 그치지 않았다.

LEÇON VINGT-QUATRE: Lucienne et Paulaine

2. 어휘 (Vocabulaire)

aider à + inf.	~하는 것을 돕다
faire sa valise	떠날 채비를 하다
il faut que + 접속법	~해야 하다
craindre que + 허사 ne + 접속법	~할까봐 걱정이다.
être en retarde	늦다
ce n'est pas la peine de + inf.	~할 필요가 없다.
douter que + 접속법	~을 의심하다
avoir peur que + 접속법	~을 두려워하다, ~을 걱정하다.
avoir froid 춥다	=/= avoir chaud 덥다
tant mieux 그거 잘 됐다, 안성맞춤이다	=/= tant pis 그거 안됐다.

연습문제 (Exercices)

A. 밑줄 친 동사를 지시한 시제로 쓰시오.

(1) Je répète pour que tu <u>comprendre</u> bien. (접속법 현재)
(2) Pensez-vous qu'elle <u>mourir</u>? (접속법 현재)
(3) Il craint que je ne <u>être</u> malade. (접속법 현재)
(4) Je suis heureux qu'il <u>faire</u> cela. (접속법 과거)
(5) Il faudra que vous <u>partir</u> le lendemain. (접속법 과거)

B. 밑줄 친 곳을 que절로 고치시오.

(1) Je <u>le</u> veux <u>venir</u>.
(2) Je <u>lui</u> ordonne <u>sortir</u>.

(3) Il vous faut faire cela.

(4) Le pensez-vous heureux?

C. (   )에 알맞은 것은?

(1) Mon père veut que je (   ) médecin.
    a. devrai   b. devins   c. devienne   d. devrais

(2) Il fuat que tu (   ) les devoirs avant de sortir.
    a. terminas   b. terminais   c. termines   d. termineras

(3) Personne ne croit ce marchand bien qu'il (   ) la vérité.
    a. a dit   b. disait   c. dit   d. dise

(4) C'est le roman le plus amusant que j'(   ) lu.
    a. eusse   b. aie   c. euse   d. aies

(5) Je doute qu'il (   ) une bonne santé.
    a. aura   b. a   c. ait   d. avait

D. 정답을 고르시오.

(1) 'ne'의 용법이 나머지 세 경우와 다른 것은?
    a. J'ai peur qu'il ne pleuve dimanche prochain.
    b. Personne ne veut s'occuper de cette affaire.
    c. Je ne veux le dire à tout le monde.
    d. Rien n'a changé depuis dix ans.

(2) 다음에서 바르게 쓴 문장을 고르시오.
    a. Je crains qu'il est malade.
    b. Je crains qu'il était malade.
    c. Je crains qu'il ne soit malade.
    d. Je crains qu'il n'eût malade.

회화 (Conversation)

A : Allo, je voudrais faire un appel international.
B : Comment vous allez rélger la communication?
A : Je vais le payer sur place.
B : Dites-moi le numéro, s'il vous plaît.
A : Le 02-919-9191 à Séoul en Corée du Sud.
B : Attendez, ne quittez pas. La ligne est occupé maintenant.
A : D'accord. Est-ce que je peux utiliser le réseau internet?
B : Oui, chaque chambre est connectée au réseau internet.
A : Allo, est-ce que M. Kwon est là?
C : Oui, excusez-moi mais qui est à l'appareil?
A : C'est M. Kim.
C : Oui, je vous le passe. Un instant, s'il vous plaît. Ne quittez pas. M. Kwon n'est pas là pour le moment. Laissez-moi votre numéro et je lui dirai de vous rappeler.
A : Merci bien. Au revoir.

Je voudrais faire un appel international. 국제전화하고 싶은데요; régler 해결하다, 결제하다; communication 통지, 연락, 통화; Comment vous allez régler la communication? 요금은 어떻게 지불하시겠습니까? sur place 그 자리에서, 곧; ne quittez pas 전화 끊지 마세요; La ligne est occupé. 통화중이다; utiliser 이용하다, 사용하다; un réseau (도로, 철도, 방송) 망; connecter 접속하다; qui est à l'appareil? 전화하시는 분이 누구십니까?; je vous le passe. 그분을 바꾸어 드리겠습니다; un instant 잠시 기다리세요; pour le moment 지금은; Je lui dirai de vous rappeler. 전화 드리라고 전하겠습니다.

Lecture

Le roi et le paysan.

Henri IV était à la chasse et s'était écarté de sa suite. Il rencontra un paysan assis au pied d'un arbre sur le bord de la route.

--"Que fais-tu là?" lui dit Henri IV.

--J'attends pour voir passer le roi.

--Si tu veux monter derrière moi, ajouta Henri, je te conduirai dans un endroit où tu pourras le voir tout à ton aise."

Le paysan monte, et, chemin faisant, demande comment il pourra reconnaître le roi.

--"Tu n'auras qu'à regarder celui qui gardera son chapeau pendant que tous les autres auront la tête nue."

Henri rejoint la chasse et tous les seigneurs le saluent.

--"Eh bien! dit-il au paysan, où est le roi?

--Ma foi, Monsieur, il faut que ce soit vous ou moi, répond le paysan, car il n'y a que nous deux qui ayons le chapeau sur la tête."

LEÇON VINGT-CINQ

HELENE ET ARTHUR

<Part I>

Monsieur Lenoir prit les billets de chemin de fer et fit enregister les bagages. Le train arriva en gare.

Hélène et Arthur montèrent en wagon avec leurs parents.

Le train partit et quelques heures après ils arrivèrent au port d'embarcation où ils prirent le bateau.

La traversée fut assez agréable. Ils eurent le beau temps pendant tout le voyage. Quand ils furent arrivés au Havre, ils prirent le train pour Paris. En routes ils virent une belle campagne passer devant leurs yeux. Le train ne mit que trois heures pour arriver à Paris. Quand ils descendirent du train, ils furent accueillis par des parents et des amis qui étaient venus à leur rencontre.

Hélène et Arthur étaient si heureux d'être enfin à Paris.

un billet 표, 티켓, 수표; un chemin de fer 철로=le train; fit는 faire의 단순과거 3인칭 단수; enregistrer 기입(기록)하다, 등록하다, (수화물을) 붙이다; un bagage 짐; arriva arriver '도착하다'의 단순과거; une gare 역; montèrent monter

'오르다, 타다'의 단순과거 3인칭 복수; un wagon (기차의) 차량; partit partir '출발하다'의 단순과거 3인칭 단수; arrivèrent arriver '도착하다'의 단순과거 3인칭 복수; un port 항구; une embarcation 소형 보트; où 선행사가 le port인 관계대명사; prirent prendre '잡다, 타다'의 단순과거 3인칭 복수; un bateau 배; une traversée 건너기, 항해; fut être의 단순과거 3인칭 단수; assez 충분히, 상당히; agréable 기분 좋은, 유쾌한; eurent avoir의 단순과거 3인칭 복수, avoir le beau temps 즐거운 시간을 보내다; furent arrivés arriver '도착하다'의 전과거 3인칭 복수, 주절의 prirent 보다 먼저 행하여진 동작이기 때문에 전과거임; le Havre 프랑스 서북쪽에 위치한 프랑스의 제일 큰 항구도시로 남성명사다; le train pour Paris 파리행 기차; virent voir '보다'의 단순과거 3인칭 복수, voir+부정법으로 쓴다; mit mettre '(시간이) 걸리다'의 단순과거 3인칭 단수; ne... que...=seulement; descendirent descendre '도착하다'의 단순과거 3인칭 복수; furent accueillis accueillir '맞아들이다, 접대하다'의 단순과거 수동태 3인칭 복수; étaient venus venir '오다'의 대과거 3인칭 복수; à la rencontre de qn ~를 만나러; étaient être의 반과거; si 대단히.

<Part II>

En 1796, comme le général Bonaparte quittait Brescia, les muicipaux qui l'accompagnaient à la porte de la ville lui disaient que les bressans aimaient la liberté par-dessus tous les autres Italiens.

--Oui, répondit-il, ils aiment à en parler à leurs maîtresse.

Missirilli dit à Vanina d'un air assez contraint:

--Dès que la nuit sera venue, je sortirai.

Aie bien soin de rentrer au palais avant le point du jour; je t'attendrai.

--Au point du jour je serai à plusieurs milles de Rome.

--Fort bien, dit Vanina froidement, et où irez-vous?

--En Romagne, me venger.

--Comme je suis riche, reprit Vanina de l'air le plus tranquille, j'espère que vous accepterez de moi des armes et de l'argent.

1796년을 'mille sept cent quatre-vingt-seize ans'이라고 한다. un général 장군; quittait quitter '~을 떠나다'의 반과거 3인칭 단수; municipal 도시의, 시 (읍, 면)의, 파리의 경찰대원; l'(e)는 Bonaparte를 받은 직접보어 인칭대명사; accompagnaient는 acconpagner '동반하다, 수행하다'의 반과거 3인칭 복수; disaient는 dire '말하다'의 반과거 3인칭 복수; que 접속사; les bressans 브레 쌍 사람들; aimaient aimer '사랑하다'의 반과거 3인칭 복수; la liberté 자유; par-dessus tout(tous) 그 중에서도 특히; répondit répondre '대답하다'의 단순과 거 3인칭 단수; "aimer à+inf." ~하는 것을 좋아하다; en은「parler de+la liberté」 의 de la liberté를 중성대명사 en으로 썼다: une maîtresse 여주인, maître의 여성 명사; d'un air assez contraint 아주 어색한 태도로; dès que ~ 하자마자 바로, ~한 이상; sera venu는 venir '오다'의 전 미래 3인칭 단수, 전 미래는 또 하나의 다른 미래의 동작에 앞서서 행하여질 동작을 나타낸다. Ex. J'aurai terminé mon travail quand vous viendrez. 당신이 오실 때에는 나는 일을 끝내고 있을 것이다. 다른 말로 쓸 수 있다. Ex. Il sera parti avant notre arrivée. 우리가 도착하기 전에 그는 출발할 것이다. aie avoir 명령법 2인칭 단수,「avoir soin de+inf.」 유의해서 ~하다; le point du jour 여명, 먼동이 틀 때; un palais 궁궐; froidement 추운 듯이, 냉정하게; comme이므로=parce que; de l'air 태도로; tranquille [tʀɑ̃kil] 조용한, 침착한; espère espérer '기대하다, 바라다'의 현재 1인 칭 단수, j'espère que 다음에는 보통 단순미래를 쓴다; accepterez accepter '받아 들이다, 승낙하다'의 단순미래 2인칭 복수

1. 문법 (Grammaire)

A. 전과거(Passé antérieur)의 형태

전과거는「조동사의 직설법 단순과거+p.p.」로 주로 종속절에 쓰이 며 문장체에서만 사용된다.

	apprendre 배우다		venir 오다
j'	**eus** appris	je	**fus** venu(e)
tu	**eus** appris	tu	**fus** venu(e)
il	**eut** appris	il	**fut** venu
nous	**eûmes** appris	nous	**fûmes** venu(e)s

vous	**eûtes** appris	vous	**fûtes** venu(**e, s, es**)
ils	**eurent** appris	ils	**furent** venu<u>s</u>
elles	**eurent** appris	elles	**furent** venu<u>es</u>

B. 용법

(1) 과거의 어떤 사실보다 직전에 완료된 사실을 나타낸다. 이에 종속절은 quand, aussitôt que, lorsque, après que, dès que, à peine...que 등의 접속사로 연결된다.

Quand il **eut fini** son travail, il sortit.
그는 일을 끝내고 외출했다.
A peine **eut**-il **aperçu** l'enfant, cet enfant accourut.
그가 아이를 알아보자 그 아이는 뛰어갔다.
Dès que le train **fut arrivé**, on descendit.
기차가 도착하자마자 사람들이 내렸다.
주의 à peine가 문두에 오면 주어와 동사가 도치된다.

(2) bientôt, en un moment, peu après 등 어구 뒤에서 동작의 신속성을 나타내기 위하여 단순과거 대신 전과거를 쓰는 경우가 있다.

Le corbeau laissa tomber son fromage ; le renard l'**eut happé** en un clin d'oeil.
까마귀가 치즈를 떨어뜨렸다. 여우가 눈 깜짝할 사이에 그것을 덥석 물었다.

C. 전미래 (Future antérieur)

(1) 형태 : 직설법 전미래는 「조동사의 단순미래 + P.P.」로 être를 조동사로 할 때 p.p.는 주어의 성·수에 따라서 변한다.

	dire		aller
j'	**aurai** dit	je	**serai** allé(**e**)
tu	**auras** dit	tu	**seras** allé(**e**)
il	**aura** dit	il	**sera** allé
elle	**aura** dit	elle	**sera** allé**e**
nous	**aurons** dit	nous	**serons** allé(**e**)**s**
vous	**aurez** dit	vous	**serez** allé(**e, s, es**)
ils	**auront** dit	ils	**seront** allé**s**
elles	**auront** dit	elles	**seront** allé**es**

(2) 용법

a. 어떤 미래의 사실보다 앞선 다른 미래의 사실, 즉 미래 어느 시점에 완료되어 있을 미래완료를 의미한다.

> Je partirai quand il **sera arrivé**.
> 그가 도착하면 나는 출발할 것이다.
> Quand il arrivera, j'**aurai fini** mon travail.
> 그가 도착할 때는 나는 나의 일을 끝냈을 것이다.

b. 어조를 부드럽게 하거나 추측을 나타내기 위하여 복합과거 대신 쓴다.

> Vous **aurez oublié** de finir votre travail.
> 일을 끝내는 것을 잊으셨군요.
> Il n'est pas encore arrivé : il **sera** sans doute **arrivé** un accident.
> 그가 아직 도착하지 않았소, 틀림없이 무슨 일이 생겼을 거요.

c. 미래 어떤 시점에 완료되어 있을 동작을 나타낸다.

> Il **sera parti** avant notre arrivée.
> 우리가 도착하기 전에 그는 출발할 것이다.

Il y **sera arrivé** le premier.
그는 맨 먼저 도착해 있을 것이다.

d. 단순미래 대신 전미래를 사용하여 미래의 동작이 신속히 이루어짐을 나타낸다.

Dans une heure, j'**aurai fini** ce travail.
한 시간 후에는 이 일을 끝내지오.

2. 어휘(Vocabulaire)

un chemin de fer	철로 = le train
avoir le beau temps	즐거운 시간을 갖다.
à la rencontre de qn	~을 마중하러, ~를 만나러
par-dessus tout(tous)	그 중에서도 특히
aimer à+inf.	~하는 것을 좋아하다
parler de...	~에 대하여 말하다
d'un air assez contraint	아주 어색한 태도로
dès que...	~하자마자 바로
avoir soin de+inf.	유의해서 ~하다
le point du jour	여명, 먼동이 틀 때

연습문제 (Exercices)

A. (　) 안의 동사를 전과거로 쓰시오.

   (1) Quand le train (arriver) à la gare, les voyageurs descendirent.

   (2) Dès que la classe (être fini), nous sortîmes.

   (3) Quand il (finir) son travail, il sortit.

   (4) A peine (j' apercevoir) l'enfant, il accourut.

B. (　)속의 동사를 전미래로 쓰시오.

   (1) Il partira quand nous (arriver).

   (2) Quand elle arrivera, ils (sortir) de la maison.

   (3) Il (passer) cette gare dans une heure.

   (4) Elles (finir) leurs travaux avant notre arrivée.

회화 (Conversation)

A : Excusez-moi. Je cherche la banque française.

B : C'est un peu loin d'ici. Il faut prendre le métro.

A : Quelle ligne est-ce qu'il faut prendre?

B : Prenez la ligne 1. Descendez à la station de Louvre.

A : Combien de temps faut-il d'ici?

B : Ça fait environ quinze minutes.

A : Excusez-moi, ce métro va-t-il jusqu'à la gare de Louvre?

C : Non, c'est la ligne 2. Il faut prendre la ligne 1.

A : Comment va-t-on à Hotel de ville?

C : Descendez à la gare suivante.

A : Est-ce que le Concorde est près de la station de Louvre?
C : C'est très près. Ça fait 5 minutes à pied.
A : Merci beaucoup. Au revoir.

> excusez-moi. 실례합니다. une banque 은행; une ligne 선, 줄, 선로; combien de temps faut-il d'ici? 여기서 시간이 얼마나 걸립니까?; un Hôtel de ville 시청; suivant(e) 다음의, 다음에 오는; près 가까이; à pied 걸어서.

Lecture

Solidarité

    Un homme voyageait dans la montagne, et il arriva en un lieu où un gros rocher, ayant roulé sur le chemin, le remplissait tout entier, et hors du chemin, il n'y avait point d'autre issue, ni à gauche, ni à droite.

    Or, cet homme, voyant qu'il ne pouvait continuer son voyage à cause du rocher, essaya se faire un passage et il se fatigua beaucoup à ce travail, et tous ses efforts furent vains. (...)

    Et après celui-ci, il en vint plusieurs autres, et aucun ne put mouvoir le rocher, et leur crainte à tous était grande.

    Enfin l'un d'eux dit aux autres : Mes frères, prions notre Père qui est dans les cieux; peut-être qu'il aura pitié de nous dans cette détresse. Et cette parole fut écoutée, et ils prièrent de coeur le Père qui est dans les cieux.

    Et quand ils eurent prié, celui qui avait dit : Prions, dit encore :

    Mes frères, ce qu'aucun de nous n'a pu faire seul, qui sait si nous ne le ferons pas tous ensemble?

    Et ils se levèrent, et tous ensemble ils poussèrent le rocher, et le rocher céda, et ils poursuivirent leur route en paix.

Le voyageur c'est l'homme, le voyage c'est la vie, le rocher ce sont les misères qu'il rencontre à chaque pas sur sa route.

Aucun homme ne saurait soulever seul ce rocher ; mais Dieu en a mesuré le poids de manière qu'il n'arrête jamais ceux qui voyagent ensemble.

Chanson d' automne

Les sanglots longs
Des violons
 De l'automne
Blessent mon coeur
D'une langueur
 Monotone.

Tout suffocant
Et Blême, quand
 Sonne l'heure,
Je me souviens
Des jours anciens,
 Et je pleure.

Et je m'en vais
Au vent mauvais
 Qui m'emporte
Deça, delà,
Pareil à la
 Feuille morte.

Paul Verlaine

연습문제 해답편

■ 1과

A. (1) <u>un</u> homme, (2) <u>une</u> femme, (3) <u>un</u> garçon, (4) <u>une</u> fille, (5) <u>un</u> frère, (6) <u>une</u> soeur, (7) <u>une</u> table, (8) <u>un</u> livre, (9) <u>une</u> chaise, (10) <u>une</u> plume, (11) <u>des</u> maisons, (12) <u>des</u> crayons

B. (1) C'est un crayon.   (2) C'est une chaise.
   (3) C'est une maison.   (4) Ce sont des cahiers.

■ 2과

A. (1) un, l'homme   (2) une, la femme   (3) une, la maison
   (4) un, le père   (5) un, l'oncle   (6) une, la tante
   (7) un, le chien   (8) une, la chatte   (9) un, une, l'enfant

B. (1) cinq livres   (2) sept crayons
   (3) neuf tables   (4) dix chaises

C. (1) la mère de Georges
   (2) la maison de M. Durand
   (3) la maison de Marie et de Paul
   (4) Voici des cahiers.
   (5) Voilà des plumes.

D. (1) Est-ce la chienne de M. Durand?
       Est-ce que c'est la chienne de M. Durand?
   (2) Est-ce que ce sont les plumes de Marie et de Paul?

■ 3과

A. (1) une, la chambre   (2) des, les lits   (3) une, la fenêtre
   (4) une, la maison   (5) une, l'école   (6) des, les jardins

B. (1) Est-ce que ce sont des livres?

연습문제 해답편 | 255

(2) Est-elle contre le mur? Est-ce qu'elle est contre le mur?
　　(3) Est-ce que les chiens sont dans le jardin?
　　　　Les chiens sont-ils dans le jardin?

C. (1) Où est le jardin?　　(2) Où sont les règles?
　 (3) Où est la plume?　　(4) Où sont les cahiers?

D. (1) Voici une table. Elle est contre le mur.
　 (2) Voici les vingt crayons. Ils sont sur la table.
　 (3) Où est la mère de Marie? Elle est dans le jardin.
　 (4) Où est le chat? Il est sous le lit.
　 (5) Est-ce que ce sont les chaises de Paul?
　　　 Non, ce ne sont pas les chaises de Paul.

■ 4과

A. (1) est, jolie　　　　(2) êtes, grand
　 (3) sont, petites　　(4) sont, grands

B. (1) Oui, je suis grand. Non, je ne suis pas grand.
　 (2) Oui, nous sommes grands. Non, nous ne sommes pas grands.
　 (3) Oui, elle est jolie. Non, elle n'est pas jolie.
　 (4) Oui, tu es petit. Non, tu n'es pas petit.
　 (5) Oui, ils sont petits. Non, ils ne sont pas petits.

C. (1) du　　(2) de la　　(3) de l'　　(4) de la　　(5) des

D. (1) dix-neuf gommes　　(2) vingt-cinq crayons
　 (3) trente-sept livres　　(4) quarante-huit garçons
　 (5) quarante et une filles　(6) cinquante-quatre dames
　 (7) soioxante cahiers

■ 5과

A. (1) avez　(2) A　(3) avons　(4) as　(5) ont　(6) a

B. (1) Vous êtes grands.

(2) Ils ont des canifs.
(3) Voici les livres des garçons.
(4) Les chiens n'ont pas de bras
(5) Comment sont les murs? Ils sont hauts.

C. (1) Non, tu n'as pas de crayon.
(2) Non, je n'ai pas de parents.
(3) Non, ils ne sont pas près de la maison.
(4) Non, ils n'ont pas d'enfants.

D. (1) Elle n'a que deux crayons.
(2) Où êtes-vous? Je suis à côté de la table.
(3) Combien de livres as-tu? J'ai quatre-vingt-dix-sept livres.
(4) Est-elle petite? Non, elle n'est pas petite, elle est grande.

■ 6과
A. (1) tes   (2) leurs   (3) son   (4) ses

B. (1) à la   (2) au   (3) aux   (4) à l'

C. (1) belle   (2) vieux   (3) jeune   (4) nouveau

D. (1) mes chapeaux bleus   (2) vos vieux bijoux
   (3) des cheveux gris   (4) des yeux noirs

E. (1) Elle n'est ni grande ni petite.
(2) Il n'a ni livre ni cahier.
(3) Ils ne sont ni en Corée ni au Japon.

F. (1) Mon grand-père a soixante-quinze ans.
(2) Où sont tes parents? Ils sont en France.
(3) Combien de dents a-t-il? Il a trente-deux dents.
(4) Comment sont les oiseaux? Ils sont beaux.

■ 7과

A. (1) Quels   (2) quelle   (3) Quel   (4) quelles

B. (1) Les arbres sont beaux.   (2) Il y a des cahiers sur les tables.
   (3) Les tableaux sont noirs.   (4) Mes oncles sont vieux.

C. (1) au   (2) en   (3) en   (4) au   (5) en

D. (1) premier   (2) troisième   (3) sixième   (4) neuvième
   (5) vingt et unième

■ 8과

A. (1) écoutons, nos oreilles   (2) regarde, ses yeux
   (3) volent, leurs ailes   (4) parles, ta bouche

B. (1) Nous fermons les portes.
   (2) Vous aimez vos enfants.
   (3) Les professeurs donnent des livres aux garçons.
   (4) Elles portent des chapeaux gris.

C. (1) Est-ce que l'arbre porte des fruits?
       L'arbre porte-t-il des fruits?
   (2) Est-ce que le crayon est léger?
       Le crayon est-il léger?
   (3) Est-ce que les parents de Marie sont jeunes?
       Les parents de Marie sont-ils jeunes?
   (4) Est-ce que votre règle n'est pas courte?
       Votre règle n'est-elle pas courte?

D. (1) Oui, blanche   (2) Si, longue   (3) Non, vieille

■ 9과

A. (1) Cet, blanches   (2) Ces, douces
   (3) Cette, gris   (4) Cette, mûris

B. (1) toutes (2) tous (3) toute (4) toutes

C. (1) Que font ces garçons?
   (2) Elles regardent de vieux arbres.
   (3) Ils parlent de ses amis anglais.
   (4) Elles mettent de petites fleurs dans les vases.
   (5) Elles partent en avion avec leurs amies.

D. (1) Qu'est-ce qu'il y a dans le jardin?
   (2) Qu'est-ce qu'elle a?
   (3) Où habite-t-il?
   (4) Quel temps fait-il en été?

E. (1) en (2) au (3) du (4) au (5) de

■ 10과
A. (1) finit (2) dites (3) descendent (4) faisons
   (5) attendons (6) met (7) obéissent

B. (1) une princesse (2) une chanteuse
   (3) une maîtresse (4) une actrice

C. (1) longuement (2) heureusement
   (3) lentement (4) doucement

D. (1) Il est midi et demi.
   (2) Il est onze heures et demie.
   (3) Il est six heures et quart.
   (4) Il est minuit.
   (5) Il est huit heures moins le quart.
   (6) Il est dix heures quarante-cinq.

E. (1) de l'avion (2) à l'aéroport (3) en France
   (4) de notre voyage (5) de leur maison

■ 11과

A. (1) réponds   (2) vont   (3) faites   (4) prenons
   (5) viennent   (6) finissez (7) peuvent

B. (1) Je le donne à Jean.
   (2) Pierre ne les fait pas.
   (3) Je les attends.
   (4) Elle ne le met pas.
   (5) Ils la regardent.
   (6) Je l'aime.

C. (1) une nouvelle machine   (2) des habits neufs
   (3) des chaises basses   (4) des livres épais
   (5) une fille craintive   (6) de nouveaux films
   (7) une femme cruelle   (8) de beaux visiteurs

■ 12과

A. (1) Paul nous montre sa maison.
   (2) Le maître ne leur parle pas.
   (3) Elle lui apporte une tasse de café.
   (4) Il veut vous présenter sa femme.

B. (1) Nous les avons lus.   (2) Ils ne leur ont pas obéi.
   (3) Ils l'ont appris à l'école. (4) Il m'a répondu.
   (5) Ils ont voulu lui parler.   (6) Je les ai faits à la maison.

C. (1) Elles peuvent répondre à ces questions.
   (2) Les oiseaux volent en chatant gaiment.
   (3) Ils parlent de leurs voyages.
   (4) Nous commençons à faire nos devoirs.

D. (1) Il mange en lisant le journal.
   (2) M. Kim chante en conduisant sa voiture.
   (3) Elle dit au revoir en me quittant.

(4) Je rencontre ma soeur en sortant de l'école.

■ 13과

A. (1) buvons, avons bu   (2) ne vont pas, ne sont pas allés
   (3) arrive, est arrivée   (4) tombes, es tombé
   (5) ouvrent, ont ouvert   (6) achète, a acheté
   (7) devez, avez dû   (8) ne viennent pas, ne sont pas venus
   (9) montons, sommes montés   (10) meurt, est morte

B. (1) du, de la   (2) du, du   (3) de, de
   (4) du, du, du   (5) de   (6) d'   (7) des

■ 14과

A. (1) voulons, avons voulu, voulions
   (2) reviennent, sont revenus, revenaient
   (3) apporte, a apporté, apportait
   (4) voyagez, avez voyagé, voyageaient
   (5) n'apprend pas, n'a pas appris, n'apprenait pas
   (6) ai, ai eu, avais

B. (1) a sonné, lisait   (2) est venue, travailliez
   (3) sommes entrés, faisait

C. (1) dans   (2) de   (3) à   (4) d'   (5) aux

■ 15과

A. (1) sont, ont été, étaient
   (2) n'oublie rien, n'a rien oublié, n'oubliaient rien
   (3) ne me plaisent pas, ne m'a pas plu, ne me plaisaient pas
   (4) croyons, avons cru, croyions
   (5) restent, sont restées, restaient

B. (1) celle   (2) ceux   (3) celui, celui   (4) celles

C. (1) Non, je n'ai rien dit. (2) Non, je n'ai pas bu de bière.
   (3) Moi, non plus.   (4) Ni Pierre ni André n'a répondu.

D. (1) en   (2) d'   (3) qu'   (4) En, à   (5) de

■ 16과

A. (1) sortirons, allons sortir   (2) feront, vont faire
   (3) mettra, va mettre   (4) voyagerai, vais voyager
   (5) auras, vas avoir   (6) verrez, allez voir

B. (1) a choisi, vient de choisir
   (2) est descendue, vient de descendre
   (3) êtes sorti(s), venez de sortir
   (4) avons bu, venons de boire
   (5) ont lu, viennent de lire
   (6) ai vu, viens de voir

C. (1) à   (2) de   (3) à   (4) à   (5) à

D. (1) Lequel   (2) Laquelle   (3) A laquelle   (4) Duquel

E. (1) Mon oncle reviendra dans deux mois.
   (2) Je ne resterai pas à Séoul.
   (3) Quand iras-tu en France?
   (4) Mes parents ne seront pas contents de mon travail.

■ 17과

A. (1) levée   (2) battues   (3) dit   (4) allés

B. (1) Ce jardin-ci est plus large que ce jardin-là.
   (2) Ces livres-ci sont meilleurs que ces livres-là.
   (3) Cette rue-ci est plus étroite que cette rue-là.
   (4) Ce train-ci est plus rapide que ce train-là.
   (5) Ces poires-ci sont plus grosses que ces poires-là.

(6) Cette gomme-ci est plus molle que cette gomme-là.

C. (1) Mon père est plus vieux que ma mère.
   (2) Ils lisent mieux qu'elles.
   (3) Aujourd'hui est moins froid qu'hier.
   (4) Ce garçon-ci n'est pas aussi intelligent que ce garçon-là.

D. (1) Nous le verrons.
   (2) J'ai tout fait.
   (3) Elle les emmènera aux marché.
   (4) Il va l'annoncer à sa femme.
   (5) Nous n'avons rien mangé.
   (6) Je ne l'ai pas dit au concierge.
   (7) Il la préfère aux autres fleurs.

■ 18과

A. (1) qui   (2) celui qui   (3) à qui
   (4) de qui   (5) que   (6) de quoi

B. (1) Que dois-je faire?
   (2) Je crois que je la vois.
   (3) je croyais que je la voyais.
   (4) J'espère que je viendrai.
   (5) J'espérais que je viendrais.
   (6) Il faut que vous partiez.

C. (1) Levons-nous en deux minutes
   (2) Couchez-vous vite.
   (3) Ne te lave pas ici.
   (4) Aie ce livre.
   (5) Vas-y.
   (6) Sachons ce fait.

■ 19과

A. (1) La rose est la plus belle de toutes les fleurs.
   (2) Ce livre est le meilleur.
   (3) Marie est la moins intelligente de notre classe.
   (4) C'est le plus grand Hôtel à Séoul.

B. (1) les siens   (2) le mien   (3) la leur   (4) aux vôtres

C. (1) Je n'en ai pas.   (2) J'en veux.   (3) Elle en achète.
   (4) J'en ai dix.   (5) Ils en descendent.   (6) Parlons-en.

D. (1) de la valise   (2) de ma maison
   (3) du livre   (4) du pain

■ 20과

A. (1) regarda   (2) finîmes   (3) écrivîtes   (4) eus
   (5) se rendit   (6) dus   (7) allâmes   (8) se mit

B. (1) J'y suis allé.   (2) J'y pense souvent.
   (3) J'y ai vu beaucoup d'animaux.   (4) Entrons-y.
   (5) J'y viens souvent.

C. (1) d   (2) c   (3) c

D. (1) c   (2) c   (3) d   (4) b   (5) b

■ 21과

A. (1) aideriez   (2) réussirais   (3) viendrait   (4) voudrais   (5) aurait

B. (1) b   (2) a   (3) a   (4) a

C. (1) le sais.   (2) ne le veux pas   (3) le sont.   (4) le faut

D. (1) b   (2) d   (3) a   (4) a

E. (1) Il me le donne.

(2) Je la lui donne.
   (3) Tu ne lui en parleras pas.
   (4) Vous ne vous y fiez pas.

F. (1) Sorti de la maison   (2) Venu plus tôt
   (3) Le repas fini   (4) Une fortune faite

■ 22과
A. (1) avait travaillé   (2) était déjà parti
   (3) avait aimé   (4) avais étudié

B. (1) c   (2) b   (3) d   (4) d

C. (1) dont   (2) dont   (3) par où   (4) où   (5) de quoi
   (6) à quoi   (7) d'où

D. (1) d   (2) b   (3) b   (4) d   (5) c

■ 23과
A. (1) aurait pris   (2) aurait été mis
   (3) serais déjà parti   (4) aurais réussi

B. (1) d   (2) a   (3) a

C. (1) laquelle   (2) lequel   (3) auxquelles   (4) lequel
   (5) auquel   (6) auquel

■ 24과
A. (1) comprennes   (2) meure   (3) sois
   (4) ait fait   (5) soyez parti

B. (1) Je veux qu'il vienne.
   (2) J'ordonne qu'il sorte.
   (3) Il faut que vous fassiez cela.

(4) Pensez-vous qu'il soit heureux?

C. (1) c   (2) c   (3) d   (4) b   (5) c

D. (1) a   (2) c

■ 25과

A. (1) fut arrivé   (2) eut été fini
    (3) eut fini   (4) eus aperçu

B. (1) serons arrivés   (2) seront sortis
    (3) aura passé   (4) auront fini